Zwei Pferde üben Elfmeterschießen
Fußballwitze
Herausgegeben von Peter Köhler

MIX
Papier aus verantwor-
tungsvollen Quellen
FSC® C022125

FSC
www.fsc.org

Bibliografische Information der Deutschen Nationalbibliothek:
Die Deutsche Nationalbibliothek verzeichnet diese Publikation in der
Deutschen Nationalbibliografie; detaillierte bibliografische Daten sind im
Internet über http://dnb.d-nb.de abrufbar.

Copyright © 2011 Verlag Die Werkstatt GmbH
Lotzestraße 22a, D-37083 Göttingen
www.werkstatt-verlag.de
Alle Rechte vorbehalten
Satz und Gestaltung: Verlag Die Werkstatt
Druck und Bindung: Westermann Druck Zwickau

ISBN 978-3-89533-777-2

VORWORT

Ein Torwart, der den Ball beim Abwurf ins eigene Tor schleudert; ein Spieler, der beim Elfmeter neben die Kugel tritt; ein Trainer, der sich auf der Pressekonferenz über Spieler, „schwach wie Flasche leer", aufregt und seine Schmährede mit „Ich habe fertig" schließt: Der Fußball, so ernst und leidenschaftlich er betrieben wird, ist auch eine lustige Angelegenheit. Kuriose Tore, groteskes Versagen, sprachliche Fehlleistungen machen immer wieder lachen.

Es sind aber nicht nur die unfreiwilligen Schwupper, die für Heiterkeit sorgen. Der Fußball selbst hat, wie jede ernste Sache, eine komische Seite. Von dieser komischen Seite des runden Leders zeugen nicht zuletzt zahllose Anekdoten und Witze, die das Treiben auf und neben dem Platz auf unterhaltsame Weise spiegeln. Alle möglichen (und manche unmöglichen) Facetten der Fußballerei werden da dem Gelächter preisgegeben; berühmte Stars ebenso wie anonyme Kicker, namhafte Trainer wie x-beliebige Schiedsrichter und Funktionäre, und selbstverständlich wird das, was das Leben der Kicker jenseits des grünen Rasens prägt, der Kampf ums Geld und der Krieg der Geschlechter, ebenfalls auf die lustige Schulter genommen.

Wer jetzt meint, dass das mit der Schulter im Fußball ein Handspiel und also verboten ist: Es geht auch im Fußballwitz nicht immer fair und regelkonform zu, im Gegenteil, es wird auch gefoult. Neid, Missgunst und Hass toben sich in ihm aus; die Rivalitäten zwischen Vereinen und Nationen nehmen im Witz breiten, eben fußballplatzgroßen Raum ein.

Dass solche Witze aufreizen und die Aggression noch verstärken, ist nicht auszuschließen. Wahrscheinlicher ist, dass sie die Wut kanalisieren und dem Groll ein Ventil öffnen, so dass die negativen Emotionen sich lachend entladen können statt handgreiflich. Ohnehin dürfte vieles bereits zum Klischee, zu Folklore geworden sein – so vielleicht die gern beschworene Gegnerschaft der Reviernachbarn Borussia Dortmund und Schalke 04 oder auch die weitverbreitete Abneigung gegen den übermächtigen FC Bayern München, dessen Vorherrschaft wenigstens im Witz untergraben werden kann.

Aber weil man über diese Funktion der Witze nichts Genaues sagen kann und weil auch das, was beim Witzeerzählen gut ankommt, manchmal so wenig vorhersehbar ist wie das, was beim Fußball nach 90 Minuten auf der Anzeigetafel steht: Niemand muss die Namen von Spielern, Vereinen und Nationen, die in den Fußballwitzen verwendet werden, für bare Münze nehmen. Sie stehen da, weil etliche Witze nicht ohne Namensnennung funktionieren, und selbstredend kann man sich andere Spieler, Vereine und Nationen denken: Hier kann jeder Anhänger von Witz und Fußball seine eigenen Vorlieben und Abneigungen ins Spiel bringen.

Sowieso gibt es, wie die Wanderanekdote auf dem Feld der Anekdote, in der Liga der Witze den Wanderwitz. Zum Beispiel lassen sich viele Blondinenwitze auf Fußballverhältnisse übertragen, manche Künstler- oder Politikerwitze können auch das Gehabe von Fußballstars illustrieren, ethnische Witze passen gut auf die vorurteilsbeladene Gegnerschaft von Vereinen und Völkern.

Witze müssen stimmen, ohne in einem platten Sinn 1:1 wahr zu sein. Ähnliches gilt für Anekdoten: Sie sind keine geschichtlichen Dokumente, die einen Ausspruch getreu festhalten oder eine Begebenheit unverfälscht überliefern. Sie tricksen vielmehr mit der historischen Wahrheit. Manche schildern, wie es wirklich war, einige sagen, wie es gewesen sein könnte, und nicht wenige sind von Anfang bis Ende, sozusagen vom Anstoß bis zum Schlusspfiff, erfunden – doch selbst eine erfundene Anekdote kann ein Volltreffer sein und eine tiefere Wahrheit zum Ausdruck bringen, über die man (hoffentlich) lachen kann.

Wie auch immer: Grundsätzlich gilt, dass man Witze und Anekdoten nicht für bare Münze und schon gar nicht zu ernst nehmen sollte. Fußball ist ein kurzweiliges Spiel, es soll Unterhaltung, Spannung und gute Laune garantieren. Fußballwitze und -anekdoten genauso.

DER BESTE FUSSBALLER DER STRASSE

Franz Beckenbauer rühmt sich vor Philipp Lahm, dass er mit
Persönlichkeiten auf der ganzen Welt bekannt sei. Lahm be-
zweifelt das. Also fliegen sie nach China. Dort kommt ihnen
schon am Flughafen der Regierungschef entgegen und ruft:
„Willkommen, Herr Beckenbauer!", und lädt sie zum Abend-
essen ein.
Lahm ist noch nicht überzeugt. Deshalb fliegen sie weiter
nach Amerika. Dort kommt Obama gerade aus dem Weißen
Haus und ruft: „Hi, Mister Beckenbauer!"
„Das ist ja unglaublich", staunt Lahm, „aber ich bin sicher:
Der Papst kennt dich nicht!"
„Natürlich, der auch!", versetzt Beckenbauer.
Sie reisen nach Rom und besuchen eine Papstaudienz.
Beckenbauer geht vor, umarmt den Papst und unterhält sich
mit ihm. Als er zurückkommt, liegt Lahm ohnmächtig am
Boden. Als er wieder zu sich kommt, fragt Beckenbauer: „Na?
Hat es dich so umgehauen, dass mich sogar der Papst kennt?"
„Nein, das nicht", antwortet Lahm, „aber während du mit dem
Papst geredet hast, fragt mich jemand: ‚Entschuldigung, aber
mit wem redet denn Franz Beckenbauer da?'"

☆　☆　☆

Was haben Lady Diana und viele Freistoßschützen
gemeinsam?
Sie treffen nur die Mauer.

☆　☆　☆

Oliver Kahn sitzt zu Hause und löst Kreuzworträtsel.
Gefragt wird nach dem „besten Torwart aller Zeiten" mit vier
Buchstaben. Oliver Kahn will „ich" eintragen, aber da merkt
er, dass „ich" einen Buchstaben zu wenig hat. Nach langem
Überlegen fragt er seine Freundin. Sie sagt: „Klar, das bist
du!" Aber „du" passt auch nicht. Schließlich legt er das Kreuzworträtsel beiseite und geht zu Bett. Mitten in der Nacht
schießt er plötzlich hoch und ruft: „Mensch, ich hab's!
Die meinen ‚mich'!"

☆   ☆   ☆

Hamit Altintop kommt aus der Toilette. Seine Hose ist auf einer Seite nass.

„Was ist denn mit dir passiert?", fragt man ihn.

„Ach", antwortet Hamit Altintop mürrisch, „der Typ neben mir drehte sich plötzlich zu mir um und fragte: ‚He, sind Sie nicht der Luca Toni?'"

Ein Mann steht vor Gericht. Der Richter schreitet zur Urteilsverkündung: „Ich habe eine gute und eine schlechte Nachricht für Sie. Welche wollen Sie zuerst hören?"

Der Mann: „Die schlechte."

Der Richter: „Sie sind zum Tode verurteilt und werden erschossen."

„Und die gute?!"

„Der Schütze ist Uli Hoeneß."

Fußballspieler zum Trainer: „Was finden Sie an mir am besten, meine hervorragende Kondition oder mein fantastisches Ballgefühl?"

Trainer: „Ihren Sinn für Humor!"

Der Mittelstürmer hat grottenschlecht gespielt. In der Kabine schiebt er alle Schuld auf den Schiedsrichter und ruft: „Dem Kerl trete ich in den Arsch!"

„Gib dir keine Mühe", winkt der Trainer ab, „den triffst du heute auch nicht!"

Ein Unikum war in den Jahren um 1900 der Engländer Bill Foulkes, genannt „Fatty": ein Fleischberg von Torwart, 1,90 m groß und 178 Kilogramm schwer. Gegnerische Stürmer schob er beim Kampf um den Ball einfach zur Seite oder drückte sie in den morastigen Boden. Selbst Elfmeterschützen verzagten beim Anblick ihres monumentalen Gegenübers. Bei einem Spiel seines Vereins Sheffield United gegen den FC Burton Albion hielt Fatty Foulkes gleich zwei Elfmeter, woraufhin der Trainer der gegnerischen Mannschaft den Fehlschützen beschimpfte. Der Stürmer aber schrie zurück: „Wohin hätte ich denn schießen sollen? Da war überall er!"

„Sie sind also der berühmte Fußballer?", sagt die junge Dame. „Ich hatte Sie mir ganz anders vorgestellt."
„Wie denn – etwa eitel, dumm und hässlich?"
„Nein, im Gegenteil."

* * *

Der Bundesligaprofi ist Vater geworden, und alle Mannschaftskameraden sind zur Taufe in die Kirche gekommen. Plötzlich rutscht dem Pfarrer das Kind aus den Armen. Geistesgegenwärtig hechtet der Torwart und fängt das Baby wenige Zentimeter über dem Boden auf. Alle Anwesenden klatschen begeistert – der Torwart lächelt stolz, tippt zweimal auf und schlägt ab.

* * *

Eine Variante: Ein Fußballtorwart geht in der Stadt spazieren, als er plötzlich eine Frau schreien hört. Er blickt auf und sieht Rauch aus dem obersten Stockwerk eines Hochhauses dringen. Eine Frau lehnt aus dem Fenster und hält ein Baby. „Hilfe! Hilfe!", schreit sie, „ist denn niemand da, der mein Baby auffangen kann!" Viele Schaulustige kommen und gaffen, aber keiner rührt sich. Da meldet sich der Fußballer. „Ich bin Torwart", ruft er der Frau zu, „und berühmt für meine Fangkünste! Werfen Sie das Baby herunter, und ich fange es auf. Das ist für mich nicht schwerer, als einen Ball zu halten!" Die Frau ist froh und wirft das Baby hinunter.

Alle halten den Atem an, als der Torwart nach dem Baby springt. Tosender Applaus, als er es sicher fängt und in seinen Armen hält! Dann tippt er zweimal auf und schlägt es 50 Meter weit ab.

Ein Nachwuchsfußballer aus der tiefsten Walachei wird von einem Bundesligaklub eingekauft. Er bekommt ein Appartement im Jugendheim des Vereins und sieht im Bad einen Spiegel an der Wand. Er packt ihn ein und schickt ihn seinen Eltern mit einem Brief, in dem steht: „Schaut nur, wie nett die Deutschen sind! Die haben sogar ein Bild von mir aufgehängt."
Der Vater sieht sich den Spiegel an und sagt zu seiner Frau: „Mein Gott, ist unser Sohn alt geworden!"
Die Mutter schaut über die Schulter ihres Mannes in den Spiegel und sagt: „Kein Wunder, wenn er mit so einer alten Schachtel zusammen ist!"

☆   ☆   ☆

Der Trainer eines abstiegsgefährdeten Vereins in der Fußball-bundesliga weiß nicht mehr weiter und fragt seinen Kollegen vom Deutschen Meister um Rat. „Du brauchst unbedingt einen intelligenten Mittelfeldregisseur!", meint der und ruft seinen Spielmacher zu sich: „Sag mal, Johannes, wer ist der Neffe vom Bruder deines Vaters?"

Die Antwort kommt sofort: „Ich natürlich, Trainer."

Der andere Coach ist beeindruckt und will das gleich beim ersten Training mit seiner Mannschaft testen. Er ruft alle Spieler zusammen und sagt: „Leute, wir machen jetzt ein Quiz! Tim, wer ist der Neffe vom Bruder deines Vaters?"

Tim stottert: „Äh ... ich glaub, ich hab was in meinem Wagen vergessen ...", und eilt davon.

Der Trainer schüttelt nur den Kopf und fragt den Nächsten: „Thorsten, wer ist der Neffe vom Bruder deines Vaters?"

Der Gefragte hebt abwehrend die Hände und sagt: „Ohne meinen Berater sag ich gar nix!", dreht sich um und geht.

Der Trainer seufzt und wendet sich dem Dritten zu: „Michael, wer ist der Neffe vom Bruder deines Vaters?"

„Das bin ich, Chef!"

Da wird's dem Trainer zu bunt, und er brüllt: „Wisst ihr Idioten denn überhaupt nichts? Der Neffe vom Bruder eures Vaters ist der Spielmacher vom Deutschen Meister!"

☆   ☆   ☆

Welcher Torwart kann höher springen als eine Querlatte?
Jeder – Querlatten können nicht springen.

☆   ☆   ☆

Der Klubpräsident wird von einem Spielervermittler besucht:
„Ich habe für Ihren Verein einen Topfußballer!"
Der Präsident winkt ab: „Mein Verein braucht Ihre Vermittlung nicht."
„Wenn Sie erfahren, um wen es sich handelt, werden Sie Ihre Meinung ändern."
„So, so. Um wen geht es denn?"
„Um Lionel Messi!"
Der Präsident ist baff: „Also, wenn Sie das zustande bringen können, bin ich einverstanden!"
Wieder draußen, reibt sich der Spielervermittler zufrieden die Hände: „So, zur Hälfte habe ich's geschafft!"

Clemens Fritz zu Arne Friedrich: „Toll, wie gut du mit dem Ball umgehen kannst!"
„Danke! Schade nur, dass ich das von dir nicht behaupten kann."
„Dann mach's wie ich, lüg einfach!"

Cristiano Ronaldo, Diego Maradona und Pelé haben zufällig in derselben Straße ein Haus bezogen. Ronaldo bringt ein Schild an mit der Aufschrift: „Hier wohnt der beste Fußballer Europas." Maradona sieht das und bringt seinerseits ein Schild an: „Hier wohnt der beste Fußballer der Welt." Als Pelé das sieht, lässt auch er ein Schild anfertigen: „Hier wohnt der beste Fußballer der Straße."

Franck Ribéry, David Beckham und Michael Ballack sind auf einer einsamen Insel gestrandet. Da erscheint eine gute Fee und sagt: „Jeder von euch hat einen Wunsch frei!"
Sagt Ribéry: „Ich möchte zurück nach Frankreich."
Sein Wunsch wird ihm erfüllt.
Sagt Beckham: „Ich will zu Victoria."
Zack, ist er fort.
Sagt Michael Ballack: „Jetzt bin ich ganz allein. Ich wünsche mir, dass die beiden wieder da sind!"

☆　☆　☆

Zwei Fans unterhalten sich. Sagt der eine: „Hast du schon gehört, dass unser Mittelstürmer den Verein verlässt?"
„Ja, ich hab's in der Zeitung gelesen und frage mich seither, wer außer ihm geht."
„Wie meinst du das?"
„Na, in der Zeitung stand: ‚Mit ihm geht einer unserer besten Spieler!'"

☆　☆　☆

(Vor der WM 2006.) Oliver Kahn lässt sich die Haare schneiden. Der Frisör spricht ihn ständig mit „Herr Lehmann" an. Irgendwann platzt Oliver Kahn der Kragen, und er ruft: „Ich heiße Oliver Kahn! Warum nennen Sie mich dauernd Herr Lehmann?!"
Darauf der Frisör: „Weil sich dann Ihre Nackenhaare so schön aufstellen!"

☆　☆　☆

ANEKDOTE

1979. Uli Hoeneß ist stolzer Manager des FC Bayern München geworden. Gleich am ersten Tag betritt ein junger Mann
sein Büro. Hoeneß will beweisen, dass er ein viel beschäf-
tigter Mann ist, greift zum Telefonhörer und sagt: „Nein,
Herr Meier, ich habe wirklich keine Zeit. Mein Terminplan für
diesen Monat ist bereits komplett voll. Wiederhören!" Er legt
auf und fragt den Mann, was ihn herführt.
„Ich komme von der Telefongesellschaft", sagt der, „und soll
Ihren Anschluss einrichten!"

☆　☆　☆

„Sind eigentlich alle Fußballspieler eingebildet?", fragt der
Reporter den Kicker.
„Allerdings. Ich kenne allein in meiner Mannschaft zehn
Spieler, die sich einbilden, besser zu sein als ich."

☆　☆　☆

Im fußballbegeisterten Brasilien. Man schreibt den 24. Oktober 1940. Ein Mann erscheint auf dem Rathaus von Três Corações und sucht die Stube des Standesbeamten auf. „Ich habe eine Geburt anzumelden." Der Beamte nimmt ein Formular und zückt den Federhalter.

„Gestern wurde hier ..." Pause, dann fährt der Meldende feierlich fort: „... Edson Arantés do Nascimento, genannt Pelé, geboren!" Der Beamte lässt den Federhalter fallen, springt auf, umarmt den Mann und ruft: „Was für ein Tag!!"

Oliver Bierhoff will über die Schweizer Grenze, hat aber seinen Pass vergessen. Was nun?

Der Grenzbeamte weiß Rat: „Wir hatten mal einen ähnlichen Fall. Da war Boris Becker hier. Der hatte auch keinen Pass dabei. Wir haben ihn ein paar Asse schlagen lassen, und die Sache war klar: Das konnte nur Boris Becker sein. Den ließen wir dann passieren.

Beckenbauer war auch mal hier, ebenfalls ohne Pass. Der hat dann ein bisschen mit dem Ball gedribbelt. Da war die Sache auch klar: Das ist Beckenbauer. Also ließen wir ihn gleichfalls passieren."

Sagt Bierhoff: „Aber ich kann doch nix."

Der Beamte: „Alles klar, Herr Bierhoff. Sie können passieren."

Miroslav Klose steht im Himmel vor Petrus. Fragt der erstaunt: „Du hier? Wie hast du das Tor gefunden?"

* * *

ANEKDOTE

Dem langjährigen Stammtorhüter der Münchner Bayern und der deutschen Nationalauswahl Sepp Maier saß zuweilen der Schalk hinter den Ohren. Einmal wollte das Fernsehen eine Homestory über ihn drehen. Stolz erklärte Maier, dass er gerade ein altes Landhaus in Oberbayern gekauft habe und es dem Kamerateam zeigen wolle. Man fuhr also hin, und Maier dirigierte die Fernsehleute nach einigem Suchen vor ein malerisches Anwesen. Da entdeckte der Torwart, dass er seinen Schlüssel vergessen hatte, und klingelte. Eine ältere Frau öffnete, die Kameras surrten, und Maier sagte: „Guten Tag. Wir drehen einen Werbefilm und möchten wissen, welches Waschmittel Sie benutzen." Er hatte das Haus nie zuvor gesehen, geschweige denn gekauft.

FÜNFZIGTAUSEND UND EIN PAAR ZERQUETSCHTE

Ein Irrer sitzt vor der Waschmaschine und starrt auf das Glas. Ein zweiter kommt: „Und, zeigen sie das Fußballspiel schon?" „Nein, es verzögert sich. Im Augenblick wird noch gezeigt, wie die Trikots der Spieler gewaschen werden."

☆   ☆   ☆

Sie erzählt: „Er war schon komisch, als ich in der Kneipe ankam. Erst hab ich gedacht, es ist, weil ich mich verspätet hatte. Aber er meinte, nein, das macht doch nichts. Irgendwie kam unsere Unterhaltung immer ins Stocken, bis ich sagte, lass uns woanders hingehen. Wir sind also in ein Restaurant, aber das machte es nicht besser. Ich versuchte, ihn ein wenig aufzuheitern, aber vergeblich. Auf meine Frage, was denn los ist, sagte er nur, nein, wieso, nichts ist los. Überzeugt hat mich das nicht. Auf dem Weg nach Hause habe ich gesagt: ‚Ich liebe dich', und da hat er wortlos seinen Arm um mich gelegt. Wie soll ich das deuten? Als wir bei ihm angekommen sind, war ich schon ziemlich in Sorge. Als er sich dann einfach vor den Fernseher gehängt hat, habe ich es aufgegeben und bin ins Bett gegangen. Zehn Minuten später ist er nachgekommen, und wir haben gekuschelt. Aber selbst da wirkte er irgendwie abwesend. Am Ende bin ich eingeschlafen – mit Tränen in den Augen. Ich weiß wirklich nicht, was in ihm vorgeht. Vielleicht hat er 'ne andere?"
Er erzählt: „Schalke hat gegen Bayern verloren. Danach habe ich mich noch mit meiner Freundin getroffen. Kurz, ein Scheißtag."

☆   ☆   ☆

Zwei Fans vor dem Eingang zum Fußballstadion.

Der erste: „Ich wollte, ich hätte mein Klavier mitgenommen!"

Der zweite: „Was willst du mit einem Klavier im Fußballstadion?!"

Der erste: „Ich habe unsere Eintrittskarten darauf liegen lassen."

☆ ☆ ☆

Eine Frau fährt mit dem Fahrrad durch die Stadt, zwei Säcke auf dem Gepäckträger. Der eine hat ein Loch, aus dem Ein-Euro-Stücke herausfallen. Ein Polizist stoppt die Frau. „Sie verlieren laufend Ein-Euro-Stücke!", sagt er zu ihr.

Die Frau erschrickt: „Da muss ich ja den ganzen Weg zurückfahren und das Geld wieder einsammeln."

„Woher haben Sie die Münzen überhaupt?", wird der Polizist misstrauisch, „ist das etwa Diebesgut?"

„Aber nein", erwidert die Frau. „Wissen Sie, ich habe einen Schrebergarten direkt neben dem Fußballstadion. Die Leute kommen immer und pinkeln in meinen Garten. Da stelle ich mich samstags mit der Heckenschere hin und sage: ‚Einen Euro, oder ...'"

„Gute Idee!", sagt der Polizist. „Aber was ist in dem anderen Sack?"

„Na ja", sagt die Frau, „es bezahlen nicht alle."

Ein Anhänger des VfL Bochum fährt mit dem Bus nach Dortmund, wo seine Mannschaft im Pokal auf die Borussia trifft. Da bis zum Anpfiff noch Zeit ist, geht er in eine Kneipe und zischt ein paar Biere, worüber er die Zeit vergisst. Das Spiel ist lange vorbei, als er die Kneipe verlässt und den Bus für die Rückfahrt nimmt, wo er alsbald wegsackt. Plötzlich erwacht er mit einem Ruck, glotzt aus dem Fenster und sieht ein Schild, auf dem steht: „Bochum 21 Dortmund 2". „Ja!!", schreit er, „ich wusste, dass wir sie packen können!"

☆   ☆   ☆

Die Lehrerin an einer Gelsenkirchener Grundschule will sich in ihrer neuen Klasse beliebt machen und erzählt, dass sie Schalke-Fan ist. Als sie fragt, wer ebenfalls Schalke-Fan sei, melden sich alle Schüler, nur ein kleines Mädchen nicht.
„Warum meldest du dich nicht?", fragt die Lehrerin.
„Weil ich kein Schalke-Fan bin!", versetzt die Kleine.
„So? Zu welchem Verein hältst du denn?"
„Ich bin Bayern-München-Fan!", verkündet das Mädchen.
„Bayern-Fan? Warum ausgerechnet Bayern-Fan?"
„Mein Papa hat dort in der zweiten Mannschaft gespielt, und meine Mama arbeitet in einer Werbeagentur, deren größter Kunde Paulaner ist. Also bin ich Bayern-Fan!"
„Man muss seinen Eltern doch nicht alles nachmachen", versucht die Lehrerin zu erklären. „Stell dir vor, deine Mutter wäre Putzfrau, dein Vater arbeitslos –"
„Dann wäre ich auch Schalke-Fan!"

☆   ☆   ☆

Der Verein ist sagenhaft unbeliebt und hat deshalb zur Sympathiewerbung 500 Dauerkarten als besondere Fanaktion in der Innenstadt an einen Baum nageln lassen.
Am nächsten Tag liegen die Karten auf dem Boden – jemand hat die Nägel geklaut.

Drei Fußballfans klagen darüber, dass ihr Verein ein Spiel nach dem anderen verliert und auf dem letzten Platz liegt.
„Der Sportdirektor ist schuld", sagt der erste. „Hätte er bessere Spieler eingekauft, könnten wir sogar oben mitspielen."
„Die Spieler sind schuld", sagt der zweite. „Würden sie mehr Einsatz zeigen, würde uns nie im Leben der Abstieg drohen."
„Meine Eltern sind schuld", sagt der dritte. „Wäre ich in einer anderen Stadt zur Welt gekommen, wäre ich jetzt Fan eines anderen Vereins!"

Graf Bobby ist mit Baron Mucki im Fußballstadion verabredet. Der aber erscheint erst, als längst die zweite Halbzeit läuft.
„Wo warst denn so lang?", ruft Bobby über mehrere Reihen zu ihm hinüber.
„Kann ich net sagen!", schreit Mucki.
„Warum net?"
„Zu viele Leut' hier!"
„Gib ein Stichwort!"
„Puff!"

*Fußballrowdys gab es auch früher. Besonders gefürchtet
wegen seiner Anhängerschaft war der Wiener Sportklub
Simmering. Eine Zeitung schrieb 1912: „Bedauerlicherweise
ist es noch nicht eingeführt, dass auch die Zuschauer Schien-
beinschützer tragen. Schon lange ist der Platz in Simmering
wegen der Roheit seiner Besucher verrufen."*

Länderspiel in Bern. Die Nati spielt ausgezeichnet und führt
mit zwei Toren Vorsprung. „Gar nicht übel", sagt ein Zuschauer
in der Halbzeitpause. „Stimmt", erwidert sein Freund, „aber
deshalb musst du nicht gleich in Raserei ausbrechen."

☆　☆　☆

Bei einem Fußballspiel geht ein Mann mit Bauchladen durch
die Reihen und ruft: „Heiße Würstchen! Heiße Würstchen!"
Ein Fan: „Scheiß drauf, wie du heißt! Hast du Bier?"

☆　☆　☆

Was versteht ein Fußballfan unter einem Sieben-Gänge-
Menü?
Ein Sechserpack Bier und die *Bild*-Zeitung!

☆　☆　☆

Was passiert, wenn ein Hooligan eine Fliege verschluckt?
Dann hat er im Magen mehr Gehirn als im Kopf.

☆　☆　☆

Unterhalten sich vier Chirurgen. Der erste: „Am besten sind Buchhalter zu operieren, denn bei ihnen ist innen drin alles fein säuberlich durchnummeriert."

Der zweite: „Nein, das Beste sind Bibliothekare. Bei ihnen ist innen drin alles alphabetisch geordnet."

Der dritte: „Dann solltet ihr mal Elektriker ausprobieren. Bei denen ist innen drin alles farblich kodiert."

Darauf der vierte: „Mir sind Fußball-Hooligans am liebsten. Sie haben kein Herz, sie haben kein Rückgrat, und das Gehirn ist bei ihnen immer im Arsch."

Zwei schottische Brüder erfahren, dass ihre Großmutter erkrankt ist, und beschließen, dass einer der beiden nach Glasgow ins Krankenhaus fährt. „Du telegrafierst gleich, wie es ihr geht", sagt der andere, „aber vergiss nicht: Man kann zehn Worte für einen Schilling senden!"

Am anderen Tag erhält er folgendes Telegramm: „Große Scheiße stop Oma leider tot stop Celtic und Rangers spielen unentschieden stop".

„Wie viele Zuschauer waren damals eigentlich im Brüsseler Heyselstadion?"

„So fünfzigtausend und ein paar Zerquetschte."

Der Chef ruft den Lehrling in sein Büro: „Wie war die Beerdigung deiner Großtante gestern nachmittag?"

„Ganz normal", antwortet der Lehrling ein wenig verdutzt.

„Gut, gut", sagt der Chef. „Ich fürchte nur, dass sie wiederholt werden muss, oder?"

„Wie bitte?", stutzt der Lehrling.

„Na ja, nächsten Mittwoch ist doch das Rückspiel."

☆ ☆ ☆

WENN MÜLLTONNEN SPIELEN KÖNNTEN

Fußballweltmeisterschaft, Argentinien gegen England.
Der Trainer der Gauchos in der Umkleidekabine zu seinen
Spielern: „Ich weiß, ihr mögt die Engländer nicht! Aber wir
müssen gegen sie spielen, dagegen ist nichts zu machen." Da
ergreift Lionel Messi das Wort: „Jungs, ich bin so gut in Form,
lasst mich alleine gegen die Engländer spielen! Geht ihr so
lange in die Kneipe einen trinken und Billard spielen."
Trainer und Mitspieler lassen sich überzeugen, und Messi
spielt alleine gegen die Engländer. Nach gut einer Dreiviertel-
stunde schalten die Spieler in der Kneipe den Fernseher an
und sehen die Anzeigetafel: Argentinien 1 (Messi 10. Min.) –
England 0.
Zufrieden widmen sich die Argentinier wieder ihren
Getränken und dem Billard, bis sie eine gute Stunde später
erneut den Fernseher einschalten, um sich über den Endstand
zu informieren. Die Anzeigetafel zeigt: Argentinien 1 – England 1.
„Verdammt!", rufen alle Spieler und rennen entsetzt ins Stadion zurück. Dort sitzt Messi in der Kabine, das Gesicht in
den Händen vergraben. „Was ist passiert?", fragen ihn Trainer
und Spieler.
„Es tut mir leid", seufzt Messi, „aber dieser verfluchte
Schiedsrichter hat mich in der elften Minute vom Platz
gestellt!"

☆　☆　☆

Trainingslager der Deutschen vor der Fußball-WM. Nichts klappt. Kein Pass kommt an, kein Schuss trifft. Wo soll da das nötige Selbstvertrauen herkommen? Also ruft Jogi Löw bei Beckenbauer an: „Franz, wie habt ihr das damals bei der WM 1990 eigentlich geschafft?"

„Ganz einfach", sagt Beckenbauer. „Ich habe die Mannschaft im Training gegen elf Mülltonnen spielen lassen! Das hat sie aufgebaut und stark gemacht."

Am nächsten Tag probiert Löw die neue Trainingsmethode aus. In der Halbzeit ruft er erneut Beckenbauer an: „Franz, was jetzt? Die Mülltonnen führen 3:0."

Die deutsche Fußballnationalmannschaft fliegt zu einem Länderspiel. Den Spielern wird es bald langweilig, und sie fangen an, im Flugzeug Fußball zu spielen. Der Pilot hat Mühe, die Maschine zu halten, und bittet den Copiloten, für Ordnung zu sorgen. Tatsächlich kehrt nach ein paar Minuten Ruhe ein. „Wie ist dir das denn gelungen?", fragt der Pilot.

„Ganz einfach. Ich habe mir den Ball geschnappt, die Tür aufgemacht und gesagt: ‚Jungs, es ist so herrliches Wetter – spielt doch draußen weiter!'"

Frage des Reporters an den Trainer des Tabellenletzten: „Was ist schöner, ein Sieg oder Weihnachten?"
„Weihnachten, das gibt es öfter."

„Sie haben in diesem Jahr noch kein Spiel verloren. Woran liegt das?", wird der Fußballtrainer gefragt.

„Das weiß ich auch nicht. Dabei haben wir vor jedem Spiel mit dem Schiedsrichter um 5.000 Euro gewettet, dass wir diesmal verlieren werden."

☆ ☆ ☆

Der neue Trainer zum Spieler: „Ich heiße Stein. Und mein Name ist Programm! Wie heißen Sie?"

„Steinbeißer!"

☆ ☆ ☆

Ein Spielervermittler kommt zum Manager von Hertha BSC Berlin und berichtet ihm von einem 17-jährigen Riesentalent aus Afghanistan. Manager und Trainer fliegen nach Kabul, um den Jungen zu beobachten, und verpflichten ihn auf der Stelle. Zwei Wochen später spielt die Hertha gegen Bayern München, und 20 Minuten vor Schluss liegt sie mit 0:3 zurück. Der Trainer setzt alles auf eine Karte und wechselt den Youngster ein. Der macht mit den Stars von der Isar, was er will, und schießt vier Traumtore. Die Hertha gewinnt die schon verloren geglaubte Partie mit 4:3.

Nach dem Spiel telefoniert der Jungstar überglücklich mit seiner Mutter. „Mama, ich habe heute in zwanzig Minuten vier Tore geschossen. Wir haben gewonnen, alle feiern mich. Meine Mitspieler, die Fans, die Reporter ..."

„So, so", sagt die Mutter kühl. „Schön für dich. Aber uns geht es hier gar nicht gut. Dein Vater wurde auf offener Straße angeschossen, deine Schwester wurde vergewaltigt, mir haben sie eben die Handtasche geraubt, und dein kleiner

Bruder hat sich einer Straßenbande angeschlossen!"
Dem jungen Spieler verschlägt es die Sprache. „Ja, was soll
ich sagen, Mama. Das tut mir schrecklich leid ..."
„Es tut dir leid? Es tut dir leid?! Es ist deine Schuld, dass wir
nach Berlin gezogen sind!"

☆ ☆ ☆

Was ist, wenn ein Spieler in der Hektik des Kampfes den Kopf
verliert?
Zwei Bälle im Spiel!

☆ ☆ ☆

WM-ANEKDOTEN

Italien 1934 – Nomen est omen, dachte sich der Aache-
ner Alemanne Reinhold Münzenberg und war dann bitter
enttäuscht, dass die Prämien trotz des dritten WM-Platzes
äußerst bescheiden ausfielen.
Schweiz 1954 – Nur kurzfristig zeigte sich der 1954er Fuß-
ballweltmeister Karl Mai (SpVgg Fürth) leicht irritiert, als ihm
bei einer Autogrammstunde in der Sportabteilung eines Kauf-
hauses im Westfälischen ein Exemplar des Romans „Unter
Geiern" zum Signieren vorgelegt wurde.
Deutschland 2006 – Wie im Märchen wäre es gewesen,
hätte es der Fußballgott dergestalt arrangiert, dass ausgerechnet bei der 2006er Heim-WM ausgerechnet dem Verteidiger
Robert Huth einmal ein lupenreiner Hattrick gelungen wäre.
Thomas Schaefer

Wie setzt sich die ideale Fußballmannschaft zusammen?
In den Sturm kommen Juden, denn die dürfen nicht verfolgt
werden.
Ins Mittelfeld kommen Schwarze und Chinesen, die geben
dem Spiel Farbe.
In die Verteidigung kommen Schwule, die sorgen für Druck
von hinten.
Und ins Tor kommt eine Nonne, denn die hat seit dreißig
Jahren keinen reingelassen.

Was ist, wenn ein Stürmer nach einem Foul in den Schnee
fällt?
Winter.

Während eines Spiels der F-Jugend ruft der Trainer einen
Jungen an die Seitenauslinie: „Weißt du, was man unter
einem ‚Team' versteht?" Der kleine Junge nickt. „Dann weißt
du auch, dass es allein darauf ankommt, wie man als Team
auftritt?" Wieder nickt der kleine Junge. „Na siehst du. Und
wenn der Schiedsrichter Abseits pfeift, ein Handspiel über-
sieht oder eine Verwarnung zu Unrecht ausspricht, dann
streitet man nicht, beschimpft nicht den Schiedsrichter und
attackiert ihn schon gar nicht! Hast du das begriffen?" Wieder
nickt der kleine Junge. „Gut", sagt der Trainer. „Und jetzt geh
und erklär das deinem Vater!"

Die SpVg Aurich muss zu einem Spiel beim VfB Oldenburg. Der Bus bleibt mit einer Panne auf halber Strecke liegen. Nur zwei Spieler, die in einem Privatwagen gefahren sind, erreichen rechtzeitig das Stadion und nehmen allein den Kampf gegen die elf Oldenburger auf. Nach zehn Minuten heißt es 1:0 für Aurich. Unmittelbar vor der Pause gelingt sogar das 2:0. Dabei wird jedoch einer der beiden Auricher schwer verletzt und muss bewusstlos vom Platz getragen werden. Als er nach einer Weile aus seiner Ohnmacht erwacht, sieht er seinen Kumpel neben sich sitzen. Gespannt fragt er ihn, wie das Spiel ausgegangen sei.

„5:2 für Oldenburg", muss der andere gestehen.

„Aber wir haben doch 2:0 geführt!"

„Ja, weißt du, in der Halbzeit ist der Mannschaftsbus eingetroffen."

ANEKDOTE

Übertroffen wurde Beckenbauers Eigentorquote Mitte der 1980er Jahre von dem Finnen Pentti Kekkola. Als er in einer Saison den Ball zum fünften Mal ins eigene Netz befördert hatte, schenkten ihm seine Mitspieler einen Kompass.

Wer war die erste Fußballmannschaft?
Jesus und seine Jünger. Denn in der Bibel steht: „Jesus stand im Tor von Nazareth, und seine Jünger standen abseits."

✳   ✳   ✳

Zur Olympiade will der Vatikan mit einer eigenen Fußballmannschaft antreten. Zur Verstärkung wird Franz Beckenbauer verpflichtet: Der Papst ernennt ihn kurzerhand zum Prälaten, und schon kann Monsignore Beckenbauer für den Vatikan antreten. Dennoch geht gleich das erste Spiel gegen Israel verloren.

„Wie das?", fragt der Papst, „bei uns hat immerhin Monsignore Beckenbauer gespielt!"

„Schon, aber der Rabbiner Cruyff war eben noch besser."

✳   ✳   ✳

ANEKDOTE

Drei Eigentore gehen auf das Konto von Kaiser Franz Beckenbauer. Zwei davon schoss er 1975 in aufeinanderfolgenden Bundesligaspielen: zuerst beim 2:3 der Bayern gegen Offenbach, danach beim 1:4 in Berlin, weshalb Sepp Maier bei der Mannschaftsbesprechung vor der nächsten Bundesligabegegnung fragte: „Und wer deckt am Sonnabend den Beckenbauer?"

Das dritte Eigentor gelang Beckenbauer denn auch erst 1982 – in seinem Abschiedsspiel, und zwar mit einem Weitschuss aus knapp 20 Metern.

Wie lautete die erste Frage des Ötzis, nachdem er wieder-
belebt wurde?
„Ist Otto Rehhagel immer noch Trainer?"

Bankett der Nationalmannschaft nach einem Länderspiel.
Beim Essen sagt Matthias Sammer zu Jogi Löw: „Schau mal,
das schöne Besteck. Deine Frau würde sich bestimmt freuen,
wenn du ihr das als Souvenir mitbrächtest." Meint Löw:
„Würd ich gern machen, aber ich trau mich nicht." „Das ist
doch ganz einfach", sagt Sammer und lässt das Besteck unbe-
merkt in seiner Jackentasche verschwinden. Löw nimmt sein
Besteck und will es ebenfalls in seine Jackentasche stecken,
stößt aber an sein Glas. Alle Spieler und Journalisten schauen
zu ihm. Es bleibt ihm nichts übrig, als eine Rede zu halten.
„Verflixt, das probiere ich gleich noch mal", sagt er nach der
Rede zu Sammer. Beim Dessert ist es so weit, Löw will sein
Besteck wieder unauffällig einstecken – und kommt abermals
an sein Glas. Löw: „Mist!" Wieder schauen ihn alle Gäste an.
Der Bundestrainer muss erneut eine Rede halten.
Jogi Löw steht auf und sagt: „Zur Erheiterung der anwesenden Gäste möchte ich einen Zaubertrick vorführen! Ich
stecke jetzt mein Besteck in meine Jackentasche und hole es
beim Matthias Sammer wieder heraus."

Warum spielen die Ostfriesen immer nur eine Halbzeit?
Weil sie nicht wissen, wie sie den Platz umdrehen sollen.

Warum wurde der Flughafen von Johannesburg bei der Ankunft der deutschen Nationalmannschaft völlig zerstört? Die deutschen Spieler hatten versucht, den brasilianischen WM-Spot nachzudrehen.

Eine Variante: Ein Passagier sucht im Flughafen von München-Erding die Lounge auf, um den Aufruf zu seinem Flug abzuwarten. Er sieht umgestürzte Tische, umgeworfene Stühle, zerbrochene Fenster. „Was ist denn hier passiert?", fragt er jemanden vom Flughafenpersonal.
„Tja", sagt der, „wir hatten heute morgen die Bayern-Spieler hier, die drehten den neuen Adidas-Werbespot."

Im Trainingslager. Ein Spieler: „Der Frühstückskaffee schmeckt wie Spülwasser!"
Der Trainer: „Das ist Tee."
Aus der Küche: „Noch jemand Kakao?"

Der erfahrene Trainer spricht: „Jede Elf kann einen Mann gebrauchen, der niemals neben das Tor schießt, geniale Pässe schlägt, jeden Gegenspieler umdribbelt und gegen alle Fehler gefeit ist. Sie muss den Mann nur dazu bringen, sein Bier wegzustellen, den Sessel vor dem Fernseher zu verlassen und auf das Spielfeld zu kommen."

PERFEKT MIT 25 ZENTIMETERN

„Gehen Sie zum Fußballplatz?"
„Da pfeife ich drauf."
„Wieso, hassen Sie Fußball?"
„Nein, ich bin Schiedsrichter."

Verhandlung vor dem Sportgericht des Deutschen Fußball-Bundes. Der Vorsitzende zum Fußballer: „Warum um Himmels willen haben Sie dem Schiedsrichter in den Bauch getreten?!"
Der Fußballer: „Was kann ich dafür, wenn er sich einfach umdreht!"

Spieler zum Schiedsrichter: „Darf man zum Schiedsrichter eigentlich ‚Rindvieh' sagen?"
„Nein! Das gibt eine Rote Karte."
„Aha. Aber wenn ich zu einem Rindvieh ‚Herr Schiedsrichter' sage?"
„Das geht durchaus, wenn's Ihnen Spaß macht."
„Vielen Dank, Herr Schiedsrichter!"

* * *

Wie groß ist der perfekte Schiedsrichter?
Fünfundzwanzig Zentimeter – immer auf Ballhöhe.

* * *

Der Schiri nach dem Spiel zum Schiedsrichterobmann des DFB: „Ich habe das Gefühl, kein Spieler nimmt mich ernst."
Obmann: „Sie scherzen!"

* * *

Der Referee zeigt dem Stürmer Gelb und fragt: „Wie heißen Sie?"
„Mein Name ist Lang."
„Macht nichts, ich habe Zeit. Das lasse ich nachspielen."

* * *

Zwei Frauen unterhalten sich.
Die eine: „Was?! Du bist im Hausflur gestürzt, und dein Mann hat sich nicht um dich gekümmert?"
Die andere: „Stimmt. Aber du weißt doch, er ist Schiedsrichter und meinte, das sei eine Schwalbe gewesen."

* * *

ANEKDOTE

Viele klassische Anekdoten siedeln im Grenzbereich von Wirklichkeit und Dichtung. So erzählt man sich bis heute über Willi Lippens, dass ihn 1965 in der Regionalligapartie seiner Essener Rot-Weißen gegen Westfalia Herne der Schiedsrichter zu sich zitierte: „Herr Lippens, ich verwarne Ihnen." Lippens entgegnete: „Ich danke Sie." Daraufhin stellte der Schiri ihm von Platz.
Tatsächlich kursierte die Anekdote bereits in den 1950er Jahren im Ruhrgebiet, mit Spielernamen, die heute niemand mehr kennt. Mit Lippens machte sie deutschlandweit Karriere.

Wolf-Dieter Ahlenfelder war einer der besten Schiedsrichter der Bundesligageschichte. Seinen anhaltenden Ruhm verdankt er allerdings ausgerechnet seiner einzigen grandiosen Fehlleistung. Am 8. November 1975 leitete er die Begegnung Werder Bremen gegen Hannover 96 – ein langweiliges Spiel, das torlos 0:0 endete. Dennoch ging es in die Annalen ein, denn Ahlenfelder pfiff bereits nach 29 Minuten zur Pause. „Ein Bier und ein Malteser zum Mittagessen sind ja wohl noch erlaubt!", rechtfertigte er sich später. Bis heute kann man in einigen Bremer Kneipen einen „Ahlenfelder" bestellen, ein Bier und einen Malteser.

Zwei Nachbarn unterhalten sich. „Was soll Ihr Sohn denn nach seiner Lehre einmal werden?"

„Schiedsrichter. Er weiß alles besser, ist unglaublich pingelig und schreit gerne. Da habe ich ihm geraten, sich das bezahlen zu lassen."

☆ ☆ ☆

EINS UND EINS IST DREI

Ersatzspieler zum Vereinspräsidenten: „Ich mache Ihnen ein Angebot, wie Sie eine Million Euro verdienen können."
„Wie das?"
„Wenn Sie mich 90 Minuten durchspielen lassen, zahle ich eine Million in die Vereinskasse!"
„Ist gebongt!"
Nach 85 Minuten lässt sich der Spieler auswechseln. Der Vereinspräsident: „Na, schlapp?"
„Das nicht, aber ich habe keine Million."

„Endlich habe ich im Wettbüro beim internationalen Fußballtoto mal gewonnen: 1.500 Euro. Was sagst du dazu, Liebling?"
„Das ist mal eine gute Nachricht."
„Exakt 1.500 sind es vielleicht nicht, aber 500 schon."
„Das ist aber ein Unterschied."
„Ja, klar. Jedenfalls war mein Verlust ganz gering, nur 100 Euro."
„Aber Männe!"
„Also 1.500 Euro hab ich verspielt. Nicht einen Cent mehr!"
„Aber was erzählst du dann erst von einem Gewinn?"
„Ich wollte dich schonend vorbereiten."

Der Manager bittet seinen altbewährten Verteidiger zu sich ins Büro: „Selbstverständlich möchte ich mich bei Ihnen bedanken für das, was Sie für den Verein geleistet haben, Sie sind zuverlässig, kampfstark, kameradschaftlich ..."
„Aber ich bekomme wohl keinen neuen Vertrag?"
„... und von schneller Auffassungsgabe!"

☆　☆　☆

„Mein Sohn, merk dir eines: Geld regiert die Welt. Ohne Geld kannst du nichts machen."
„Doch, Vater, eines schon."
„Und das wäre?"
„Schulden."
„Mein Sohn, werd Präsident eines Fußballvereins!"

☆　☆　☆

ANEKDOTE

1965, der FC Bayern war in die Bundesliga aufgestiegen. Natürlich war Franz Beckenbauer nicht mehr mit den 160 Mark Monatssalär zufrieden, die ihm als Vertragsspieler zustanden. Er hatte gehört, dass man zusätzlich 20.000 Mark Handgeld pro Saison verlangen könne. Also ging Beckenbauer zum Bayern-Manager Robert Schwan, rechnete kurz im Kopf nach, weil er einen Vertrag über vier Spielzeiten zu erfüllen hatte, und fragte: „Ich will ein Handgeld von 80.000 Mark. Geht das?" Robert Schwan rechnete kurz im Kopf nach und sagte: „Also 320.000 Mark. Ja, das geht."

Im Paradies soll eine moderne Fußballarena gebaut werden. Die Ausschreibung läuft. Am schnellsten reagiert ein Italiener. „Wie viel kostet es?", fragen Gott und Petrus nach Prüfung der Baupläne. „100 Millionen Euro", sagt der Italiener. „Ein Drittel für die Arbeitszeit, ein Drittel für die Materialkosten und ein Drittel als Gewinn."

Als Zweiter legt der Deutsche noch umfangreichere Pläne vor und fordert für gute deutsche Wertarbeit 300 Millionen Euro: je ein Drittel für Arbeit, Material und Gewinn.

Keine Baupläne hat der Pole, der indes mit einer Milliarde Euro den höchsten Preis verlangt. „Warum willst du so viel?", fragen Gott und Petrus entgeistert.

„300 Millionen sind für Gott, 300 Millionen sind für Petrus, und 300 Millionen sind für mich", erläutert der Pole seine Kalkulation. „Und für 100 Millionen lassen wir den Italiener die Arbeit machen."

☆ ☆ ☆

Warum baut man keine Fußballstadien im Weltraum?
Der Weltraum hat keine Atmosphäre.

☆   ☆   ☆

Das Nachwuchstalent zum Vereinsmanager: „Wie hoch wäre
mein Gehalt?"
„Zunächst 5.000 Euro im Monat, später mehr."
„Okay, dann komme ich später wieder!"

☆   ☆   ☆

Ein Mann kommt mit einem großen, schweren Koffer in eine
Kneipe, bestellt ein Bier und sagt traurig: „Ich habe dreizehn
Richtige im Toto."
„Mann!", ruft der Wirt, „da sollten Sie sich freuen!"
„Aber meine Frau hat den Tippschein verbrannt."
Der Wirt: „Wenn mir so etwas passieren würde, hätte ich
meine Frau in Stücke geschnitten!"
„Was glauben Sie, was in dem Koffer ist?"

☆   ☆   ☆

Der Schatzmeister von Schalke 04 auf einem Wirtschafts-
seminar für Nachwuchskräfte: „Es gibt drei Typen von Vereins-
managern. Solche, die rechnen können, und solche, die nicht!"

☆   ☆   ☆

Wie wird man Millionär?
Indem man Milliardär ist und in Aktien von Borussia Dortmund investiert.

☆   ☆   ☆

Auf einem Fußballfeld liegen 100 Euro. In den vier Ecken stehen ein Italiener, ein Deutscher, ein schneller Schweizer und ein langsamer Schweizer. Wer bekommt die 100 Euro? Der langsame Schweizer. Der Italiener bückt sich nicht für 100 Euro, der Deutsche hat die Regeln nicht kapiert, und einen schnellen Schweizer gibt es nicht. Darum bekommt der langsame das Geld.

Ein Bundesligaspieler kommt in eine Bank und erkundigt sich nach den Zinsen für ein Darlehen von fünfundzwanzig Euro auf sechs Monate. „Ein Euro fünfzig", meint der Leiter der Kreditabteilung.
„Spitze", sagt der Fußballer. „Ich nehme das Darlehen. Als Sicherheit lasse ich Ihnen meinen Porsche da, bis ich die fünfundzwanzig Euro zurückgezahlt habe."
Der Banker meint zwar, bei einem so kleinen Kredit sei keinerlei Sicherheit erforderlich, aber der Kicker besteht darauf. Am nächsten Tag erzählt er einem Mannschaftskollegen von der Transaktion.
„Die müssen dich für verrückt halten", sagt der. „Seit wann lässt man denn für lumpige fünfundzwanzig Euro einen Porsche sechs Monate bei der Bank stehen?"
„Sollen die mich für verrückt halten. Ich reise morgen für sechs Monate in die Arabischen Emirate, wo ich einen Halbjahresvertrag unterschrieben habe. Wo sonst kann ich meinen Wagen ein halbes Jahr lang für einen Euro fünfzig unterstellen?"

Nicht jeder Fußballer ist in Finanzdingen so fit wie auf dem grünen Rasen. Als zum Beispiel der angehende Profi Klaus-Dieter Wollitz 1988 von der SpVg Brakel zu Schalke 04 wechselte, erwiderte er auf die Frage, ob er sein Gehalt brutto oder netto haben wolle: „Was ist denn mehr?"

Berühmt ist die Anekdote von Horst Szymaniak, der Mitte der 1960er Jahre bei einer Vertragsverhandlung mit Tasmania Berlin mit dem finanziellen Angebot nicht zufrieden war und forderte: „Ich will nicht ein Drittel mehr, sondern ein Viertel!"

CZWTYRZSZ

Medizinische Untersuchung des neuen Spielers, der im Adamskostüm vor dem Vereinsarzt steht.
Arzt: „Umdrehen! Tiefe Rumpfbeuge! Gesund!"
Fußballer: „Das hätten Sie mir auch ins Gesicht sagen können!"

Arzt zum Kicker: „Es ist mir peinlich, das anzusprechen, aber der Scheck, den Sie mir beim letzten Mal gegeben haben, ist leider zurückgekommen."
Kontert der Kicker: „Meine Muskelverletzung, die Sie behandelt haben, leider auch."

Ein polnischer Fußballer beim Augentest wegen eines Vereinswechsels in die Bundesliga. Der Arzt hält ihm eine Buchstabentafel vor, auf der steht: CZWTYRZSZ, und fragt: „Können Sie das lesen?"
„Lesen?", fragt der Pole erstaunt, „ich kenne den Kerl! Der spielt bei uns im Tor!"

Reiner Calmund frotzelt Willi Lemke: „Willi, du siehst aus, als sei eine Hungersnot ausgebrochen!"
Versetzt Willi: „Und du, Reiner, siehst aus, als seist du schuld daran!"

Ein seltenes Bravourstück gelang 1938 dem französischen Staatspräsidenten Albert Lebrun. Er sollte den Anstoß zum Eröffnungsspiel der Weltmeisterschaft in Paris ausführen – und trat in den Rasen.

Wie spielt ein Leprakranker Fußball? – Er foult.

* * *

Noch mal: Wie spielt ein Leprakranker Fußball?
Er lässt ein Bein stehen.

* * *

Nach einem schweren Autounfall und einer komplizierten Operation kommt der Fußballspieler langsam zu sich. Neben dem Bett steht der Chefarzt und sagt: „Sie müssen jetzt sehr tapfer sein. Ich habe eine gute und eine schlechte Nachricht für Sie. Welche wollen Sie zuerst hören?"
„Die schlechte."
„Wir haben Ihnen leider ein Bein abnehmen müssen."
„Das darf doch nicht wahr sein!", ruft der Kicker. „Und die gute Nachricht?"
„Einer meiner Kollegen möchte Ihre Fußballschuhe kaufen."

* * *

Wie lauteten die ersten Worte des Fußballstars als Baby?
Schau mal, Mami, keine Hände!

* * *

Chirurg zum Fußballspieler wegen der am nächsten Morgen anstehenden Knie-OP: „Zwei Stunden nach der OP können Sie das Bein bereits bewegen, am späten Nachmittag aufstehen, morgen früh schon zur Toilette gehen und übermorgen wieder trainieren!"

Darauf der Fußballspieler: „Aber während der OP darf ich liegen bleiben ...?"

☆　☆　☆

Humpelt ein Fußballer in die Praxis: „Herr Doktor, ich habe etwas am linken Fuß."

„Zeigen Sie mal her!", fordert der Arzt.

Der Spieler zieht die Socke aus, und ein überaus schmutziger Fuß kommt zum Vorschein.

„Hätten Sie den Fuß nicht vorher waschen können?", murrt der Arzt. „Ich wette, das ist der schmutzigste Fuß in der ganzen Stadt!"

Lacht der Spieler: „Die Wette haben Sie verloren. Ich zeige Ihnen jetzt den anderen Fuß."

☆　☆　☆

„So", sagt der Ohrenarzt nach der Untersuchung zum Fußballprofi, „das geht wieder vorbei! Aber das nächste Mal lassen Sie sich vom Schiedsrichter nicht wieder so anpfeifen. Diagnose und Rezept machen zusammen 100 Euro."

„Herr Doktor, ich höre noch immer nicht so gut. Sagten Sie 200 Euro?"

„Nicht doch – 300 Euro!"

☆　☆　☆

WAS BABYS WOLLEN

Ein Junge schießt mit dem Fußball die Fensterscheibe von Frau Schulze entzwei. „Vater setzt Ihnen eine neue ein", sagt der fixe Junge und holt sich seinen Ball zurück. Tatsächlich erscheint bald ein Mann, setzt die Scheibe ein und verlangt 100 Euro.
„Was?", fragt die Frau, „war das nicht Ihr Sohn?"
„Nein", sagt der Mann, „sind Sie denn nicht seine Mutter?"

Fritzchen soll einen Schulaufsatz über ein Fußballspiel schreiben, aber ihm fällt nichts ein. Endlich hat er eine Idee und schreibt: „Der Platz war leider nicht bespielbar."

* * *

„Was sagst du jetzt zu deinem Vater?", wird das Mädchen gefragt. „Er ist Bundesliga-Torschützenkönig geworden!"
„Ich sage weiterhin Papa zu ihm."

* * *

Der Vater zu seinem Sohn: „Wenn du heute deine Hausaufgaben ordentlich machst, nehme ich dich morgen mit zum Länderspiel."
„Und wenn morgen das Spiel ausverkauft ist, habe ich heute meine Zeit umsonst verplempert."

* * *

Drei Babys kommen in den Himmel. Gott sagt: „Ich hab's mir anders überlegt. Ihr könnt wieder nach unten! Aber bevor ihr von der Wolke springt, müsst ihr laut rufen, was ihr einmal werden wollt."

Das erste Baby springt und schreit: „Lehrer!" – 25 Jahre später unterrichtet es am Gymnasium.

Das zweite Baby springt und schreit: „Pilot!" – 25 Jahre später sitzt es im Cockpit eines Jumbojets.

Das dritte Baby springt, rutscht aus und schreit: „Scheiße!" – 25 Jahre später ist es Spieler beim FC Bayern München.

Ein Jugendfußballer sitzt im Café und sieht am Nebentisch ein hübsches Mädchen sitzen. Er überlegt, wie er mit ihr Kontakt aufnehmen kann, macht aus der Serviette ein Papierkügelchen, wirft es dem Mädchen in den Ausschnitt und ruft: „Tor! 1:0 für mich!" Mutig geworden, wiederholt er das Spiel: „2:0!" „3:0!" „4:0!"

Schließlich wird es dem Mädchen zu bunt. Sie holt eines der Papierkügelchen heraus, wirft es ihm in den Schoß und ruft: „Tor!"

„Nee, nee", sagt der Fußballer, „das war Latte."

„Dein Zeugnis lässt allerhand zu wünschen übrig."
„Prima, dann wünsche ich mir neue Fußballschuhe."

Der Lehrling hat sich durch das Märchen von der verstorbenen Großmutter einen freien Nachmittag erschwindelt. Als er sich zur Stadionkasse durchgedrängelt hat und sich kurz umdreht, erblickt er hinter sich das wütende Gesicht seines Chefs. Geistesgegenwärtig fragt er den Mann an der Kasse mit lauter Stimme: „Können Sie mir bitte sagen, wie ich von hier am schnellsten zum Friedhof komme?"

Beim Pokalspiel fiebert der Azubi begeistert mit, als er eine schwere Hand auf seiner Schulter spürt. „Das also ist das Begräbnis Ihres Onkels, zu dem Sie unbedingt freihaben wollten?!", sagt sein Chef drohend.
„Abwarten!", entgegnet der Azubi, „der Schiedsrichter ist nämlich mein Onkel!"

Beim Länderspiel sitzt Fritzchen auf einem der besten Plätze. Fragt ein neben ihm sitzender Herr misstrauisch: „Na, Kleiner, konntest du dir denn so eine teure Sitzplatzkarte leisten?"

„Nein, aber ich habe Vatis Karte."

„Und wo ist dein Vater?"

„Er ist bestimmt noch zu Hause und sucht die Karte."

☆   ☆   ☆

„Ich habe schon mit zehn Jahren Fußball gespielt. Der Trainer hat mich damals mit Beckenbauer verglichen!"

„Donnerwetter, das ist ein großes Lob!"

„Wie man's nimmt. Er meinte, ein Beckenbauer würde nie aus mir werden."

☆   ☆   ☆

ANEKDOTE

Der kleine Lukas Podolski war ein schlechter Schüler. Sein eigener Vater gab ihm Nachhilfeunterricht und fragte einmal: „Welche Form hat die Erde?" Podolski schwieg, weshalb ihm sein Vater auf die Sprünge helfen wollte: „Schau dir meine Manschetten an. Wie sehen die aus?" Podolski: „Viereckig." Der Vater: „Nein, nicht die hier, sondern die, die ich sonntags trage." Podolski: „Rund." Der Vater: „Gut. Welche Form hat also die Erde?" Podolski: „Wochentags viereckig und sonntags rund!"

M WIE WUPPERTAL

Auf dem Weg zum Training springt dem Jungprofi ein Frosch
entgegen und quakt: „Ich bin eine verzauberte Prinzessin.
Küss mich!"
Der Jungprofi steckt den Frosch wortlos in die Trainingsjacke.
Nach den ersten Platzrunden quakt es wieder: „Bitte, bitte,
küss mich, ich bin eine verzauberte Prinzessin!"
Vergeblich.
Als der Spieler bei der Mannschaftsbesprechung den
Frosch vorführt, fragen ihn seine Kameraden, warum er den
bettelnden Frosch nicht erhört. Seine Antwort: „Für eine
Freundin habe ich keine Zeit, aber einen sprechenden Frosch
finde ich cool ..."

☆　☆　☆

Zwei Freunde testen ihr Fußballwissen.
„Wer ist Gerd Müller?"
„Das ist der Rekordtorschütze der Bundesliga."
„Wer ist Wolfgang Overath?"
„Das war der Spielmacher des 1. FC Köln und der deutschen
Nationalelf."
„Und wer ist Paul Schmidt?"
„Keine Ahnung."
„Das ist der Mann, der jeden Samstagnachmittag, wenn du im
Stadion bist, deine Frau bumst."

☆　☆　☆

Der Trainer erwischt den Spieler eine Zigarette rauchend, Bier und Korn vor sich, im Vereinsheim. Tobt er: „Du rauchst, du säufst, du klaust mir Geld aus der Umkleidekabine, und ich weiß, dass du ein Verhältnis mit meiner Frau und mit meiner Tochter hast. Wenn jetzt noch das Geringste passiert, fliegst du aus der Mannschaft!"

Vor der Fußball-WM 2010. Zwei Frauen unterhalten sich.
„Fahrt ihr dieses Jahr wieder nach Spanien in den Urlaub?"
„Nein, dieses Jahr fahren wir überhaupt nicht weg."
„Warum das?"
„Wegen der Fußballweltmeisterschaft. Mein Mann will sich die Spiele in aller Ruhe ansehen. Er meint, das kann er am besten zu Hause."
„Interessierst du dich denn auch für Fußball?"
„Nicht im Geringsten. Ich finde Fußball langweilig."
„Also für dich ein richtig verhunzter Urlaub! Keine Reise und der Mann den ganzen Tag vor der Glotze!"
„Nein, ich finde das nicht so schlimm. Jetzt kann ich wenigstens mal vier Wochen die Pille absetzen."

* * *

Zwei Spielerinnen eines Frauenteams erblicken hinter der Schwingtür einer Duschkabine den unteren Teil einer männlichen Anatomie.

„Huch, ein Mann!", ruft die eine.

„Beruhig dich", sagt die andere, „das ist doch unser Trainer."

WM 1974. Eine Prostituierte bietet einen besonderen Service: Erkennt ein Freier die auf ihren Oberschenkeln tätowierten Köpfe berühmter Fußballer – links Pelé, rechts Cruyff –, erhält er 50 Prozent Rabatt.

Ein Kunde: „Also, die beiden links und rechts kenne ich nicht, aber der in der Mitte ist bestimmt der Paul Breitner."

„Brasilianer sind entweder Fußballspieler oder Nutten!"

„Erlauben Sie mal! Meine Frau ist Brasilianerin!"

„Oh! Bei welchem Verein spielt sie denn?"

Zwei Freundinnen gehen in die Sauna. Die eine zieht sich gerade aus, als die andere sie fragt: „Weißt du, dass du ein großes M auf dem Bauch hast?"

„Ja, ich war bei meinem Freund. Er hat gern sein Fußballtrikot an, wenn er mit mir schläft."

„In welchem Verein spielt er denn, München oder Mönchengladbach?"

„Was redest du da? Er spielt für Wuppertal!"

ANEKDOTE

Der Frauenfußball nahm in den 1990er Jahren einen großen Aufschwung, und so schickte die Gleichstellungsbeauftragte des Deutschen Bundestages ein Rundschreiben an alle Bundesligavereine mit der Bitte, endlich ein Stadion nach einer Frau zu benennen. Als einziger Verein meldete sich Schalke 04. Der Schalker Präsident rief die Gleichstellungsbeauftragte an und teilte ihr stolz mit, dass er sich entschlossen habe, ihren Wunsch zu erfüllen. Hocherfreut fragte sie: „Wie soll das Stadion denn heißen?"

„Dem-Ernst-Kuzorra-seine-Frau-ihr Stadion!"

„Du warst doch mit einem Fußballspieler verlobt. Warum habt ihr nicht geheiratet?"
„Ich bin leider im Halbfinale ausgeschieden."

Der Kollege erscheint mit einem Ehering am Finger im Büro.
„Nanu?", wundern sich die anderen, „wir denken, du warst nur Trauzeuge?"
„Eigentlich schon, aber der Bräutigam hatte in letzter Minute eine Karte für das Fußball-Länderspiel erhalten – da bin ich eingesprungen!"

Die Frau ist schwermütig, nervös, launenhaft. Der Ehemann weiß nicht mehr weiter und bringt sie zu einem Psychotherapeuten. Nach einigen Fragen, die ihm über ihren Zustand

Aufschluss geben, schlingt der seine Arme um sie, zieht sie an sich und küsst sie leidenschaftlich, worauf die Frau voller Lebenslust strahlt.

„Sehen Sie", sagt der Arzt, „das ist alles, was Ihre Frau braucht. Ich schlage Ihnen vor, sie jeden Dienstag, Donnerstag und Samstag in dieser Weise zu behandeln."

„Wenn Sie es für richtig halten, mach ich's", erwidert der Mann. „Aber da ist eine Schwierigkeit. Dienstags und donnerstags kann ich sie ja zu Ihnen bringen – aber am Samstag muss ich zum Fußball!"

Der Stürmer baggert in der Disco eine attraktive Blondine an. Er redet und redet, und alles dreht sich um Fußball. Als er es merkt, sagt er: „Süße, ich erzähle ja die ganze Zeit nur von mir. Jetzt möchte ich auch mal was über dich erfahren! Also: Hast du letzte Woche mein Traumtor in der ‚Sportschau' gesehen?"

* * *

Treffen sich Franz Beckenbauer und ein Spanner.
Der Spanner: „Was machen wir heute Abend?"
Beckenbauer: „Schaun mer mal."

* * *

Worüber reden drei Männer auf einer einsamen Insel?
Klar: Fußball und Autos.
Worüber reden drei Frauen auf einer einsamen Insel?
Klar: Zwei tun sich zusammen und reden über die dritte.

* * *

Immer häufiger kommt ein fremder Mann zu Mama und verschwindet mit ihr im Schlafzimmer. Eines Tages versteckt sich der achtjährige Sohn im Kleiderschrank, um zu beobachten, was die beiden machen. Da kommt der Ehemann überraschend nach Hause. Schnell versteckt die Frau den Liebhaber ebenfalls im Schrank.

Der Sohn: „Dunkel hier drin."

Der Mann flüstert: „Stimmt."

Der Sohn: „Ich habe einen Fußball."

Der Mann: „Schön für dich."

Der Sohn: „Willst du den kaufen?"

Der Mann: „Nein, vielen Dank."

Der Sohn: „Mein Vater ist draußen."

Der Mann: „Gut, wie viel?"

Der Sohn: „250 Euro."

In der nächsten Woche passiert es abermals, dass Sohn und Liebhaber im Schrank landen.

Der Sohn: „Dunkel hier drin."

Der Mann: „Stimmt."

Der Sohn: „Ich habe Turnschuhe."

Der Mann seufzend: „Wie viel?"

Der Sohn: „500 Euro."

Nach ein paar Tagen sagt der Vater zu seinem Sohn: „Nimm deine Fußballsachen und lass uns eine Runde spielen."

Der Sohn: „Geht nicht, ich habe alles verkauft."

Der Vater: „Für wie viel?"

Der Sohn: „750 Euro."

Der Vater: „Es ist ungeheuerlich, wie du deine Freunde übers Ohr haust. Das ist viel mehr, als die Sachen jemals gekostet haben. Ich werde dich zum Beichten in die Kirche bringen."

Der Vater bringt also seinen Sohn zur Beichte, setzt ihn in den Beichtstuhl und schließt die Tür.

Der Sohn: „Dunkel hier drin."

Der Pfarrer: „Hör auf damit!"

* * *

Ein Mann kommt traurig in die Kneipe und sagt: „2:1 verloren!"

„2:1 verloren?", fragt der Wirt.

„Ja, meine Frau wollte zweimal, ich konnte aber nur einmal."

Der Wirt: „Das kann jedem mal passieren!"

Eine Woche später kommt der Mann freudestrahlend in die Kneipe und sagt zum Wirt: „3:1 gewonnen!"

Der Wirt: „Toll, wie hast du das gemacht?"

Der Mann: „Ja, heute habe ich ein Auswärtsspiel gehabt!"

* * *

Der Ehemann ist fort, um ein Fußballspiel zu besuchen, und seine Frau vergnügt sich mit dem Hausfreund – da taucht der Ehemann auf. In letzter Sekunde kauert sich der Freund hinter den Fernseher.

Der Ehemann: „Es hat wie aus Eimern gegossen. Deshalb bin ich gegangen und schaue mir die zweite Halbzeit im Fernsehen an!"

Er schaltet ein, setzt sich und schaut. Plötzlich fällt ein Tor! Den Freudenausbruch des einsamen Zuschauers nutzt der Hausfreund, um hinter dem Fernseher aufzustehen und davonzuhuschen. Der Ehemann wendet sich an seine Frau: „Mensch, hast du mitbekommen, dass der Schiri den vom Platz gestellt hat?"

„Wo hast du so traumhaft küssen gelernt?"
„Im Verein, dort muss ich vor jedem Spiel den Fußball aufblasen."

Der Ehemann kehrt von einer längeren Geschäftsreise zurück. Sie fallen sich in die Arme. Die Frau hält seinen Kopf in den Händen und flüstert: „Hast du mich betrogen?"
„Nein!"
„Lüg nicht!"
„Nun ... ja."
„Wie oft?"
„Zweimal."
„Mit wem?"
„Mit dem Stubenmädchen vom Hotel und der Frau meines Geschäftspartners. Und, hast du mich betrogen?"

„Wie kommst du darauf? Kein Gedanke!"
„Lüg nicht!"
„Nun ... ja."
„Wie oft?"
„Zweimal."
„Mit wem?"
„Mit der Rockband und der Fußballmannschaft!"

☆   ☆   ☆

ANEKDOTE

Es soll in den 1980er Jahren in Mexiko passiert sein, in einer unteren Spielklasse, in dem Städtchen Tupan. Ein Schiedsrichter namens Diaz, den seine schöne Frau Maria zu jedem Spiel begleitete, stellte Mitte der zweiten Halbzeit den Star der Mannschaft von Tupan, Rosario, vom Platz. Aus Rache verführte der in den verbleibenden 25 Minuten der Partie die schöne Maria und liebte sie in der Kabine.

Als gläubige Katholikin gestand Maria ihrem Mann den Seitensprung, und weil er ebenfalls gläubig war, verzieh er ihr. Doch das Schicksal wollte es, dass Diaz eines Tages erneut ein Spiel in Tupan zu leiten hatte. Vom Anpfiff an spielte Rosario, der Star, unfair, roh und heimtückisch. Er foulte, was das Zeug hielt, trat gegen Beine, stieß mit dem Ellenbogen in Gesichter, schubste Gegenspieler um, beleidigte den Schiedsrichter und lästerte Gott. Und die ganze Zeit starrte er die schöne Maria an, die am Spielfeldrand stand.

Aber er starrte vergebens. Diaz, der Schiedsrichter, stellte ihn nicht vom Platz.

Warum lachen Liliputaner beim Fußballspielen immer?
Weil das Gras sie so schön zwischen den Beinen kitzelt.

☆ ☆ ☆

„Wie viele Hobbys hast du?"
„Sieben."
„Wieso sieben?"
„Sex und Fußball."

☆ ☆ ☆

Sonntagvormittag. Ein paar alte Herren bolzen auf einer Wiese.
Einer will gerade einen Einwurf machen, als ein langer Trauerzug
an der Straße vorbeimarschiert. Der Mann hält inne, schließt
die Augen und senkt den Kopf, wie in ein Gebet versunken, nur
dass er den Ball noch in Händen hält. Ein Mitspieler: „Ich wusste
gar nicht, dass du so ein frommer Mensch bist!"
Der Mann: „Na ja, wir waren 30 Jahre verheiratet."

☆ ☆ ☆

SCHNAPP!

Kevin Kuranyi tritt an eine Imbissbude: „Ich hätte gern eine Flasche Pommes frites!"
Verkäufer: „Eine Flasche?! Das gibt es nicht!"
Kuranyi: „Ich will aber eine Flasche Pommes frites!"
Verkäufer: „Sie ticken wohl nicht ganz richtig."
Kuranyi: „Wie bitte?!"
Verkäufer beschwichtigend: „Also ich zeige Ihnen mal, wie das geht. Lassen Sie uns die Rollen tauschen!"
Verkäufer: „Ich hätte gerne Pommes frites!"
Kuranyi: „Haben Sie denn eine Flasche dabei?"

☆   ☆   ☆

Die Bundesligamannschaft ist in einer Linienmaschine unterwegs zu einem Spiel in Portugal. Ein Spieler hat sich auf einen Platz in der ersten Reihe gesetzt, aber diese Sitzplätze sind nicht für die Mannschaft reserviert. Der Trainer bittet den Spieler, sich einen anderen Platz zu suchen, aber der weigert sich. Daraufhin fordert der Trainer den Mannschaftskapitän auf, mit dem Spieler zu reden. Keine zwei Minuten später verlässt der Spieler seinen Platz und sucht sich einen anderen. Der Trainer ist begeistert und fragt den Mannschaftskapitän: „Wie hast du das gemacht?"
„Ganz einfach, ich hab ihm gesagt, dass die ersten vier Reihen nicht nach Portugal fliegen."

☆   ☆   ☆

Es gibt einen Lügendetektor, der frisst – schnapp! – alle Menschen, die lügen.

Kommt ein Mann und meint: „Ich denke, ich bin der reichste Mann der Welt." Schnapp!

Kommt eine Frau und sagt: „Ich denke, ich bin die schönste Frau der Welt." Schnapp!

Kommt ein Fußballer: „Ich denke ..." Schnapp!

☆ ☆ ☆

Lukas „Poldi" Podolski und Bastian „Schweini" Schweinsteiger machen zusammen die Führerscheinprüfung. Vor dem praktischen Teil kommt allerdings die Theorie. Der Prüfer: „Nennen Sie mir ein Teil vom Auto."

Poldi: „Linkes Vorderrad!"

Schweini: „Rechtes Vorderrad!"

Prüfer: „Nun ein Teil im Innern des Autos."

Poldi: „Linker Rücksitz!"

Schweini: „Rechter Rücksitz!"

Prüfer: „Und nun noch eine bekannte Automarke."

Poldi: „Jaguar!"

Schweini: „Februar!"

☆ ☆ ☆

Einem Fußballer wird während des Trainings das Auto geklaut. Bei der Polizei sagt er: „Und als ich zum Parkplatz kam, sehe ich gerade noch, wie einer mit meinem Auto davonbraust!"
„Können Sie den Dieb beschreiben?"
„Das nicht, aber ich habe mir die Autonummer notiert."

Der Masseur flachst mit dem Jungstar:
„Was hat vier Beine und ist ziemlich blöd?"
„Keine Ahnung."
„Deine Freundin und du!"
Den Spruch merkt sich der junge Kicker, und ein paar Tage später fragt er seinen Trainer: „Was hat vier Beine und ist ziemlich blöd?"
„Keine Ahnung."
„Meine Freundin und ich!"

Kurz vor Spielbeginn in der Kabine. Sagt ein Kicker zum anderen: „Hey, du hast ja einen Schlappen mit drei Längsstreifen und einen mit einem Querstreifen an!"
Antwortet der: „Das ist schon in Ordnung. Zu Hause habe ich noch so ein Paar!"

Verkäuferin zum Chef: „Der Kunde will wissen, ob dieser
Trainingsanzug einläuft."
„Passt er ihm?"
„Er ist etwas zu groß."
„Dann läuft er ein!"

Was ist der Unterschied zwischen einem intelligenten
Fußballer und dem Yeti?
Der Yeti wurde schon mal gesehen.

„Und hast du meinen Rat befolgt, langsam bis drei zu zählen,
wenn du nicht einschlafen kannst?", wird Timo Hildebrand
von einem Mitspieler gefragt.
„Klar! Ich habe langsam bis drei gezählt."
„Und dann bist du eingeschlafen, nicht wahr?"
„Eigentlich nicht, dann war es Zeit zum Aufstehen."

✶ ✶ ✶

Winnetou, Old Shatterhand und Mario Gomez sitzen nachts
in der Prärie am Lagerfeuer. Da raschelt es im Gebüsch.
Winnetou steht auf, nimmt sein Gewehr und schleicht ins
Gebüsch.
Ein Knall.
Winnetou kommt zurück und setzt sich ans Lagerfeuer. Ein paar
Minuten später raschelt es erneut im Gebüsch. Old Shatterhand
steht auf, nimmt sein Gewehr und schleicht ins Gebüsch.
Wieder ein Knall.
Old Shatterhand kommt zurück und setzt sich ans Lagerfeuer.

Einige Minuten danach wieder ein Rascheln im Gebüsch. Mario Gomez steht auf, nimmt sein Gewehr und schleicht ins Gebüsch. Ein Knall. Kurz danach ein zweiter Knall.
Sagt Old Shatterhand zu Winnetou: „Hab ich's mir doch gedacht! Der Gomez tritt zweimal auf die Harke."

☆ ☆ ☆

Warum dauert bei einem Fußballspiel die Halbzeitpause nie länger als fünfzehn Minuten?
Weil man sonst die Spieler immer wieder neu anlernen muss.

☆ ☆ ☆

Warum ist der Kopf eines Profifußballers 500 Gramm leichter als der eines Amateurkickers?
Der Profi denkt mit den Füßen.

☆ ☆ ☆

Warum fällt immer das Tor um, wenn sich Tim Wiese dagegenlehnt?
Der Klügere gibt nach.

☆ ☆ ☆

ANEKDOTE

Robert Schwan, der langjährige Manager des FC Bayern, war ziemlich eingebildet. „Ich kenne überhaupt nur zwei intelligente Menschen", war seine stehende Redensart: „Schwan am Vormittag und Schwan am Nachmittag!"

Ein Fußballer sitzt während eines Langstreckenfluges neben einem Professor. Der Fußballer will im *Kicker* lesen, doch der Professor hält ihn davon ab: „Lassen Sie uns ein Spiel mit Fragen zum Allgemeinwissen spielen", schlägt er vor. Der Fußballer hat keine Lust. „Wir machen es ein bisschen interessanter", sagt der Professor. „Wenn ich eine falsche Antwort gebe, zahle ich Ihnen 50 Euro. Antworten Sie falsch, schulden Sie mir fünf Euro."
Der Fußballer ist einverstanden. Der Professor fängt an: „Wie groß ist die Entfernung zwischen Erde und Mond?" Der Fußballer gibt dem Professor fünf Euro. Dann darf er fragen: „Was geht den Berg auf drei Beinen hoch und kommt auf vier Beinen runter?"
Der Professor hat nicht die leiseste Ahnung. Er blättert durch seine Taschenenzyklopädie, sucht im Internet und schickt jedem Wissenschaftler in seinem Adressbuch eine SMS – alles ohne Erfolg. Stunden später weckt er den Fußballer, der längst über dem *Kicker* eingeschlafen ist, gibt ihm 50 Euro und fragt: „Also, was ist es?"
Ohne ein Wort gibt der Fußballer ihm fünf Euro, dreht sich um und schläft weiter.

* * *

Andreas Brehme war im „Aktuellen Sportstudio" des ZDF zu Gast und sollte auf die Torwand schießen. Der Moderator fragte ihn, mit welchem Fuß er besser schieße. Brehme: „Mit dem linken schieße ich genauer und mit dem rechten fester." „Und mit welchem Fuß schießen Sie auf die Torwand?" „Mit dem rechten!"

Ein Reporter möchte endlich das Vorurteil vom dummen Fuß-baller aus der Welt schaffen. Er bittet Thomas Schaaf und Torsten Frings zum Interview und fragt: „Was macht vier mal sieben?" Frings sofort: „26!"
Der Reporter ist enttäuscht, aber Schaaf bemüht sich um Schadensbegrenzung und sagt: „Super, Frings, nur einen daneben!"

☆ ☆ ☆

Drei Fußballer müssen wegen irgendeines Delikts drei Monate ins Gefängnis. Jeder darf etwas in die Zelle mit-nehmen, damit ihm die Zeit nicht lang wird. Der erste nimmt einen DVD-Player und hundert Filme mit, der zweite einen Stapel Pornohefte, der dritte zehn Stangen Zigaretten. Als sie entlassen werden, hat der erste alle Filme gesehen, der zweite alle Pornohefte konsumiert, und der dritte stürzt dem Wärter entgegen und schreit: „Endlich! Haben Sie Feuer?!"

☆ ☆ ☆

In der Sportabteilung. Ein Fußballer: „Dieser Schuh drückt ein bisschen ..."
Verkäuferin: „Seien Sie unbesorgt, beim Spielen weitet sich das Leder immer etwas!"
Kurz darauf. Zweiter Fußballer: „Diese Schuhe sind mir etwas zu groß ..."
Verkäuferin: „Glauben Sie mir, das Leder zieht sich immer etwas zusammen, besonders bei Nässe!"
Wieder etwas später. Dritter Fußballer: „Ich glaube, dieser Schuh passt."
Verkäuferin: „Und wir garantieren Ihnen, dass diese Fußball-schuhe ihre Form und Größe immer behalten werden!"

Uwe Seeler, Günter Netzer und Mesut Özil sind mit dem Flugzeug unterwegs. Plötzlich teilt ihnen der Pilot mit, dass der Sprit alle sei und die Maschine in wenigen Augenblicken abstürzen werde. Allerdings seien nur drei Fallschirme an Bord. Mit diesen Worten schnappt sich der Pilot einen, ruft: „Ich habe Frau und Kinder!", und springt ab.
Was nun? Günter Netzer reagiert am schnellsten: „Ich bin der klügste Fußballer Deutschlands!", ruft er, greift sich den zweiten Fallschirm und springt ab.
Sagt Uwe Seeler zu Mesut Özil: „Mesut, ich bin alt, aber du hast das Leben noch vor dir. Nimm du den letzten Fallschirm!"
Darauf Mesut Özil: „Nur keine Panik! Der klügste Fußballer der Welt ist gerade mit meinem Schlafsack abgesprungen."

WO AUS EINEM BALL
STIEFELSOHLEN WERDEN

Drei deutsche Nationalspieler fliegen zum Urlaub in die USA.
Der Zollbeamte in New York lässt sie nicht einfach passieren,
sondern fragt die drei der Reihe nach: „Where are you from?"
Philipp Lahm gibt bereitwillig Auskunft: „I am from Germany!"
Per Mertesacker stimmt ein: „I am from Germany, too!" Als
Letzter antwortet Bastian Schweinsteiger: „I am from Ger-
many, three!"

Borussia Mönchengladbach hat ein Freundschaftsspiel in der
Türkei. Mike Hanke und ein Mannschaftskollege nehmen die
Gelegenheit wahr und schlendern am Nachmittag über den
Basar von Istanbul, wo viele exotische Früchte angeboten
werden. Auf einem Schild liest Hanke „Import" und fragt die
Verkäuferin, was das bedeutet.
„Diese Früchte werden eingeführt!", erklärt die Frau.
„Mensch", staunt Mike Hanke, „und ich hätte die jetzt
gegessen!"

⋆　⋆　⋆

Warum steht die türkische Nationalmannschaft bei Spielende
nie mit elf Mann auf dem Platz?
Immer, wenn sie eine Ecke kriegen, machen sie einen Döner-
stand auf.

⋆　⋆　⋆

Churchill, Roosevelt und Stalin unterhalten sich über den Zweiten Weltkrieg. Nach einiger Zeit nimmt Churchill eine Players aus einem Lederetui, wobei die Prägung sichtbar wird: „Dem Helden des britischen Empire – sein Volk." Nach einer Weile holt Roosevelt eine Chesterfield aus einem silbernen Etui, in das eingraviert zu sehen ist: „Dem Retter der Welt – die Völker der Erde." Stalin verzieht keine Miene und fingert schließlich ein goldenes Etui aus der Brusttasche. Während er das Streichholz an die Machorka hält, lesen die beiden anderen die Aufschrift: „Dem Fürsten Esterhazy – seine Freunde vom Wiener Fußballklub Admira."

Die deutsche Nationalauswahl ist zu einem Länderspiel in London. Bei einer Stadtrundfahrt kehren sie in einem Schnellrestaurant ein. Ein Spieler bestellt: „Ein Hühnchen bitte."
Die Kellnerin: „Chicken?"
„Nein, zum Hieressen."

Was passiert, wenn ein Fußball platzt?
Der Amerikaner wirft ihn weg und kauft einen neuen. Der Engländer bringt ihn zum Flickschuster. Der Deutsche studiert ein Handbuch über die Reparatur von Fußbällen. Der Russe fertigt aus dem Ball ein Paar Stiefelsohlen. Der Franzose schreibt einen Beschwerdebrief an die Fabrik. Der Italiener schimpft auf den Schiedsrichter. Und der Schotte gibt das Fußballspielen auf.

1969 war Rudi Gutendorf Trainer bei Schalke 04. Als es im Europapokal der Pokalsieger gegen die Iren von Shamrock Rovers ging, zog er seine Mannen in der Volkshochschule Gelsenkirchen zusammen, um ihnen ein wenig Englisch beizubringen. Der rechte Flügelstürmer Reinhard Libuda zum Beispiel sollte auf die Frage „Who are you?" antworten: „I am the right wing." Zehnmal schrieb Libuda die Antwort an die Tafel, dann war Gutendorf zufrieden. Kaum war die Mannschaft auf der irischen Insel gelandet, trat der Ernstfall ein. Ein Reporter trat an Libuda heran und fragte: „Who are you?" Libuda mit fester Stimme: „I am the white ring!"

Lothar Matthäus trifft einen Freund: „Was soll ich nur machen? Morgen fahre ich nach Amerika und kann überhaupt kein Englisch." Der Freund: „Mach dir keine Sorgen. Sprich einfach langsam und deutlich, dann versteht dich jeder."
Lothar Matthäus kommt nach New York, setzt sich in eine Bar und sagt langsam und deutlich zum Barmann: „Gu – ten Tag! Ich möch – te bit – te ein Wei – zen – bier." „Wo kommen Sie denn her?", fragt der Barmann. „Aus Mün – chen. Und Sie?" „Aus Passau." Sagt Lothar Matthäus: „Ja, wenn wir beide aus Bayern kommen, warum red ich dann Englisch?"

☆　☆　☆

Der brasilianische Neueinkauf muss Deutsch lernen. Sein Sprachlehrer erklärt: „Ich gehe, du gehst, er geht, wir gehen, ihr geht, sie gehen." Dann fragt er den brasilianischen Neueinkauf, was das bedeutet.

„Tja, das bedeutet: Alle sind weg!"

☆ ☆ ☆

Der Kicker kehrt von einem Turnier im Ausland zurück und wird von einem Nachbarn, der keine Ahnung von Fußball hat, gefragt: „Wo war denn dieses Turnier überhaupt?"

„In Grenada."

„Wo liegt denn das?"

„Keine Ahnung. Wir sind geflogen."

☆ ☆ ☆

ANEKDOTE

Horst-Dieter Höttges, zwischen 1964 und 1978 Verteidiger bei Werder Bremen und 66-facher Nationalspieler, wurde nach dem Ende seiner aktiven Laufbahn äußerst passiv. Das sah man ihm auch an. Als er eines Tages auf der Waage stand, linste seine Frau auf die Anzeige und seufzte: „Ach Schatz, wenn ich daran denke, dass wir uns vor fünfzig Kilo kennengelernt haben!"

EIN TAUSENDFÜSSLER IN HOCHFORM

Fußballmatch in Afrika: Löwen und Elefanten spielen gegen eine Auswahl europäischer Tiere.

Die afrikanische Elf stürmt – schon steht es 1:0. Sie stürmt erneut – und es steht 2:0. Bald steht es 3:0, 4:0, 5:0. Da wechselt der Trainer der europäischen Mannschaft einen Tausendfüßler ein. Er stürmt: Tor! Er stürmt wieder: Tor! Er schießt aus allen Lagen, Tor fällt auf Tor. Schließlich endet die Begegnung 18:5 für die Europäer.

„Mensch, warum hast du den nicht früher eingesetzt?", fragt der Trainer des afrikanischen Teams den Europäer.

„Hätte ich gerne", erwidert der. „Aber was glaubst du, wie lange der braucht, bis er seine Fußballstiefel geschnürt hat!"

☆ ☆ ☆

Treffen sich zwei Fußbälle. Sagt der eine: „Warum hüpfst du so komisch?"

Antwortet der andere: „Ich habe mich zum Eckball umschulen lassen."

☆ ☆ ☆

Warum wollen manche Hunde nicht Fußball spielen?
Weil sie Boxer sind.

ANEKDOTE

Zwei Fußbälle sitzen auf einem Baum und stricken. Da fliegen zwei Tore vorbei. Sagt der eine Fußball: „Ja, so fliegen müsste man können!"

☆　☆　☆

Zwei Pferde üben Elfmeterschießen. Plötzlich beginnt es zu regnen. Der Platzwart kommt und sagt: „Wollen Sie nicht reinkommen und in der Halle Tischtennis spielen?"
„Nein, das wäre das Letzte!", sagt das eine Pferd und drischt den Ball gekonnt in den Dreiangel. „Oder haben Sie schon mal Pferde Tischtennis spielen sehen?!"

☆　☆　☆

In der Zeitung steht ein Inserat: „Sprechender Hund zu verkaufen". Ein Mann meldet sich. Der Verkäufer führt ihn in den Hof, wo eine mittelgroße Promenadenmischung liegt, und fordert den Interessenten auf, sich mit dem Hund zu unterhalten. Der Kunde: „Du kannst also sprechen?"
Der Hund lässig: „Klar! Ich habe meine Begabung schon in jungen Jahren entdeckt und beschlossen, mich weiterzubilden. Ich wurde Polizeihund in Rostock, hab sogar mal einen Spieler in den Hintern gebissen. Aber dann wurde mir die Sache wegen der Hooligans zu aufreibend. Deshalb habe ich mich hier zur Ruhe gesetzt und eine Familie gegründet."

Der Besucher kann kaum fassen, was er da hört, und fragt, was das Tier kosten soll. „20 Euro", sagt der Besitzer.
„20 Euro?! Der Hund kann sprechen! Damit kann man ein Vermögen machen!"
Der Besitzer: „Schön wär's. Der Hund lügt wie gedruckt! Die ganze Geschichte ist von vorn bis hinten erfunden."

☆   ☆   ☆

VEREINE MIT SCH

Der Manager von Borussia Dortmund fragt Gott: „Wann werden wir Deutscher Meister?" Gott: „In dreißig Jahren." Der Manager: „Da bin ich nicht mehr im Amt." Danach fragt der Manager des Hamburger SV Gott: „Wann werden wir Deutscher Meister?" Gott: „In fünfzig Jahren." Der Manager: „Da bin ich nicht mehr im Amt." Als Dritter fragt der Manager von Schalke 04 Gott: „Wann werden wir Deutscher Meister?" Gott: „Da bin ich nicht mehr im Amt!"

Uli Hoeneß findet eine Flasche mit einem Flaschengeist. Der Geist: „Du hast mich befreit, deshalb hast du einen Wunsch frei." Hoeneß zieht eine Weltkarte hervor und sagt: „Ich wünsche mir den Weltfrieden." „Das geht nicht", antwortet der Geist. Darauf Hoeneß: „Dann wünsche ich mir, dass Bayern München die Champions League gewinnt." Der Geist kratzt sich am Ohr und sagt: „Kann ich die Karte noch mal sehen?"

Ein Pathologe trifft einen Freund und erzählt ihm, dass er neulich drei Leichen zu obduzieren hatte. „Es handelte sich um einen Fan vom 1. FC Nürnberg, einen 1860- und einen Bayern-Fan. Bei allen drei wollte ich das Gehirn untersuchen. Ich öffnete also den Schädel des Nürnbergers und sah, dass sein Kopf mit viel Hirnmasse gefüllt war – er muss wirklich ein intelligenter Mensch gewesen sein. Dann öffnete ich den Schädel des 1860-Fans und stellte fest, dass seine Hirnmasse gerade mal ein Viertel von der des Nürnbergers betrug. Der war wohl nicht sehr intelligent! Zu guter Letzt öffnete ich den Schädel des Bayern-Fans, und weißt du, was ich da sehen musste? Nur einen Draht! Ich entschloss mich, den Draht mit einer Zange durchzuschneiden, und was meinst du, was passierte? Seine Ohren fielen vom Schädel ab!"

Wie bringt man einen Union-Berlin-Fan zum Wegrennen?
Eröffne ein Jobcenter.

Ein 80-jähriger Greis, seit über 60 Jahren mit Leib und Seele Mitglied von Werder Bremen, vertraut seinem Sohn seinen letzten Willen an: „Ich möchte bei Werder austreten und Mitglied von Bayern München werden!"
„Aber Vater!", ruft der Sohn entsetzt, „du warst dein ganzes Leben Werder-Fan!"
„Ja, aber wenn ich sterbe, möchte ich, dass es nicht einen Werder-Fan, sondern einen Bayern-Fan weniger auf der Welt gibt."

Warum bekommen alle Spieler des FC St. Pauli Weihnachten ein Fahrrad geschenkt?
Damit sie schon mal das Absteigen üben können.

Wie viele Fußballprofis vom 1. FC Kaiserslautern braucht man, um eine Glühbirne zu wechseln?
Alle. Einer steht auf der Leiter und hält die Glühbirne. Die anderen drehen das Haus.

★   ★   ★

Erster Schultag mit der neuen Klasse. Der Lehrer möchte von den Schülern wissen, wie sie heißen und was ihre Eltern beruflich machen. Den Anfang macht ein Junge: „Ich heiße Thomas, mein Papa ist Busfahrer und meine Mama Sekretärin." Neben ihm sitzt ein Mädchen: „Mein Name ist Leonie, mein Vati ist Arzt, und meine Mutti ist zu Hause." Der dritte sagt: „Ich bin der Kevin, und mein Alter ist Nackttänzer in einer Striptease-Bar." Der Lehrer bricht die Runde sofort ab. In der Pause ruft er Kevin zu sich. „Kevin, ist das mit deinem Vater wirklich wahr?" „Nee", erwidert der Junge, „mein Vater ist Bundesligaspieler bei Bayer Leverkusen, aber es war mir zu peinlich, das zu erzählen."

★   ★   ★

Warum halten alle Leute ET für einen Fan von Bayer Leverkusen?
Weil er wie einer aussieht.

Ein Energie-Cottbus-Fan weiß nicht, was mit ihm los ist, und
geht zum Arzt. Der untersucht ihn und sagt: „Ihr Problem ist:
Sie sind fett."
„Da möchte ich erst noch eine zweite Meinung einholen",
sagt der Cottbusser.
„Wie Sie wollen", antwortet der Arzt, „hässlich sind Sie auch."

★　★　★

Drei Fans von Borussia Mönchengladbach stehen am Fluss
und wissen nicht, wie sie hinüberkommen können. Da
erscheint eine Fee und sagt: „Jeder von euch hat einen
Wunsch frei!"
Sagt der erste: „Ich möchte 100-mal schlauer werden." Da
lernt er schwimmen und schwimmt hinüber.
Der zweite: „Ich möchte 1.000-mal schlauer werden." Schon
baut er sich ein Boot und fährt hinüber.
Dann der dritte: „Wenn das so einfach ist, will ich 100.000-
mal schlauer werden!" Zack – wird er zum Werder-Bre-
men-Fan und nimmt die Brücke.

Warum meidet alle Welt die Fans des HSV?
Weil sie HSV-positiv sind.

Woran erkennt man die Fans von Borussia Dortmund schon von Weitem?
Schwarzer Hals, gelbe Zähne.

✳ ✳ ✳

Wie wechselt FIFA-Präsident Joseph Blatter eine Glühbirne?
Er hält sie, und die Welt dreht sich um ihn.

✳ ✳ ✳

Ein Mann mit einem Hund betritt eine Kneipe in Hannover, setzt sich an den Tresen, den Hund auf den Hocker neben sich, und bestellt ein Bier sowie eine Schale Wasser für den Hund. Der Wirt erkennt mit einem Blick auf den Fan-Schal, das der Gast gerade von einem Spiel von Hannover 96 kommt, und fragt: „Wie hat 96 denn gespielt?"
„3:0 verloren."
Der Hund wischt mit der Pfote wütend über den Tresen und räumt alle Gläser mit lautem Klirren ab.
Der Wirt ist zornig, aber der Gast beruhigt ihn, indem er versichert, für den Schaden aufzukommen.
Zwei Wochen später dasselbe. Der Mann kommt rein, setzt den Hund auf den Barhocker neben sich und bestellt ein Bier sowie eine Schale Wasser.
Der Wirt: „Wie hat 96 denn heute gespielt?"
„4:0 verloren."
Wieder wischt der Hund mit der Pfote alle Gläser vom Tresen.
Der Wirt denkt sich: „Das nächste Mal räume ich vorher den Tresen ab. Mal sehen, was dann passiert!"
Abermals zwei Wochen später. Der Mann kommt rein, setzt den Hund auf den Hocker neben sich, bestellt ein Bier und

eine Schale Wasser.

„Wie hat 96 denn heute gespielt?"

„2:0 verloren."

Der Hund hebt die Pfote, hält inne und blickt verdutzt auf die leere Theke.

Sagt der Wirt: „Ist ja toll! Es geht mich zwar nichts an, aber was macht Ihr Hund eigentlich, wenn 96 gewonnen hat?"

Erwidert der Mann: „Das weiß ich nicht, ich habe den Hund erst seit zwei Jahren."

☆   ☆   ☆

ANEKDOTE

Gastspiel der Spielvereinigung Fürth, in den 1930er Jahren einer der führenden deutschen Fußballvereine, beim FC Barcelona. Hans Hagen, der Fürther Läufer, kämpfte mit dem katalanischen Halbrechten um den Ball, der dabei zu Fall kam. Der erhob sich, fixierte seinen Kontrahenten und zog mit der rechten Hand das Lid seines einen Auges etwas herunter – als wenn ihm etwas ins Auge geweht wäre. Sonst tat er nichts.

In der Halbzeitpause fragte Hagen einen Deutschen, der schon lange in Barcelona lebte, was das zu bedeuten habe.

„Das soll heißen", erklärte der, „nimm dich in Acht, wenn wir noch einmal zusammenrasseln!"

Hans Hagen sagte nichts. Aber als er seinem Widersacher auf dem Feld wieder begegnete, nahm er sich gerade so viel Zeit, um beide Augenlider für ein winziges Sekündchen herunterzuziehen.

Es kam zu keinen weiteren Zwischenfällen.

Wie viele Fans von Hertha BSC Berlin braucht man,
um eine Glühbirne zu wechseln?
Gar keine, ihnen genügt die Rote Laterne.

Jesus ist wieder unterwegs und trifft einen Mann, der weinend am Straßenrand sitzt. „Wieso weinst du?", fragt Jesus.
„Meine Frau hat mich verlassen, und ich bin einsam."
„Steh auf und geh. Die Liebe Gottes wird dich trösten."
Ein Stück weiter trifft Jesus erneut einen Mann, der weinend am Straßenrand sitzt. „Wieso weinst du?"
„Mein Haus und alle Habe ist mir genommen worden."
Jesus: „Steh auf und geh. Du hast nur deinen weltlichen Besitz verloren."
Ein paar Meter weiter sitzt wieder ein Mann weinend am Straßenrand. „Wieso weinst du?"
„Ich bin Fan der TSG Hoffenheim und komme mir so nichtsnutzig vor."
Da schaut Jesus ihn an, setzt sich neben ihn und weint mit ihm.

* * *

ANEKDOTE

Überaus zwiespältig war das Verhältnis der Fußballfans im Ruhrpott zu Beckenbauer – man merkte es spätestens, wenn bei einem Länderspiel in Dortmund, Essen oder Gelsenkirchen aus zigtausend Kehlen der Ruf „Be-Be-Beckenbauer! Be-Be-Beckenbauer!" erscholl.

Der Papst besucht Australien. Bei einem Strandgottesdienst sieht er, wie im Meer ein Mann im Schalke-Trikot von einem Hai angefallen wird. Doch da kommen zwei Dortmunder in einem Motorboot, von denen der eine mit einer Harpune den Hai tötet, während der andere den Schalke-Fan aus dem Wasser zieht. Der Papst lässt nach den beiden schicken: „Für euren selbstlosen Einsatz segne ich euch im Namen Gottes." Als der Papst fort ist, sagt der eine Dortmunder zum anderen: „Wer war denn das?"

„Keine Ahnung", sagt der, „ist auch egal. Sieh lieber nach, ob unser Köder noch in Ordnung ist oder ob wir einen neuen brauchen."

☆ ☆ ☆

Vor jedem Heimspiel von Schalke 04 wird unter den Zuschauern ein Kandidat für ein Quiz ausgelost. Man muss nur eine einzige Frage beantworten. Ist die Antwort richtig, erhält man eine Dauerkarte für die nächste Saison.

Das Los fällt auf Jessica. Der Stadionsprecher fragt: „Wie viel ist drei mal drei?" Jessica: „Zehn!" Der Stadionsprecher: „Schade!" Aber das Publikum ruft: „Gib sie noch 'ne Chance!"

Der Stadionsprecher gibt nach und fragt noch mal: „Wie viel ist drei mal drei?" Jessica: „Acht!" Der Stadionsprecher: „Oha." Aber das Publikum brüllt: „Gib sie noch 'ne Chance!"

Der Stadionsprecher: „Na gut! Du kennst die Frage: Wie viel ist drei mal drei?" Jessica: „Neun?"

Das Publikum: „Gib sie noch 'ne Chance! Gib sie noch 'ne Chance!"

☆ ☆ ☆

Wie viele Brasilianer braucht man, um eine Glühbirne zu wechseln?
Zwölf. Einer wechselt sie, und die anderen spielen Fußball.

☆　☆　☆

Warum heißt Schalke eigentlich 04?
Weil die Knappen vor ein paar Jahren für vier Minuten Deutscher Meister waren.

☆　☆　☆

Ein Dortmunder betritt eine Kneipe und ruft: „He, Leute, will einer einen klasse Schalke-Witz hören?" Am Tresen dreht sich ein hünenhafter Kerl herum und sagt: „Ich bin 1,90 m groß, wiege 100 Kilo und bin Schalke-Fan! Mein Kumpel neben mir ist 1,95 m groß, wiegt 110 Kilo und ist ebenfalls Schalke-Fan! Und der Typ neben ihm ist 2,10 groß, wiegt 130 Kilo und ist auch Schalke-Fan! Willst du uns den Witz immer noch erzählen?"
Darauf der Dortmunder: „Nee, bevor ich ihn dreimal erklären muss!"

☆　☆　☆

Zwei Schalker arbeiten in einer Grube und ärgern sich, dass sie schuften müssen, während der Dortmunder oben steht und die Aufsicht führt. Also geht einer der beiden Schalker hoch und fragt den Dortmunder, warum er über ihnen steht.
Der Dortmunder: „Das ist eine Frage der Intelligenz!"
„Vonne wat?!", glotzt der Schalker verdattert.
„Ich erklär's dir. Hau mal mit deiner Faust ganz fest gegen

meine Hand!", sagt der Dortmunder und legt seine Hand an einen Baumstamm.

Der Schalker holt aus und schlägt zu, aber im letzten Augenblick zieht der Dortmunder seine Hand weg. Der Schalker jault vor Schmerz.

„Siehst du", sagt der Dortmunder, „das ist Intelligenz!"

„Danke!", sagt der Schalker und kehrt in die Grube zurück.

„Wat hatta gesacht?", fragt ihn der andere Schalker.

„ Dass dat 'ne Frage vonne Intelligenz is!"

„Vonne wat?!"

„Hömma, ich erklär dich dat! Hau mal mit deiner Faust ganz fest gegen meine Hand!"

Weil in der Grube kein Baum ist, legt der Schalker die Hand vor sein Gesicht. Der andere holt aus und will zuschlagen, da ruft der erste: „Warte! Nimm lieber die Schippe, sonst tust du dir die Hand ganz doll weh!"

Ein Kaiserslautern-Fan trifft eine gute Fee. Sie sagt: „Du hast zwei Wünsche frei!" Der Lauterer überlegt kurz und sagt: „Isch hätt gern e Flasch Bier, die nie leer werd!" Schwupps, hält er eine Flasche Bier in der Hand. Er öffnet sie, leert sie auf ex, setzt ab, wischt sich den Mund, sieht auf die Flasche und staunt: „Super, die is jo noch total voll!"

Die Fee fragt: „Und was ist dein zweiter Wunsch?"

„Gebbe Se mer noch so e Flasch!"

Wie kriegt man in einem vollen Gelsenkirchener Bus einen Sitzplatz?
Man ruft: „Steht auf, wenn ihr Schalker seid!"

* * *

Ein Schalke-Fan sitzt draußen bei Kaffee und Kuchen. Eine Wespe kommt angeflogen und setzt sich auf den Kuchen. Der Schalker: „Zieh bloß dat Trikot aus in mein Garten."

* * *

Ein Schalke- und ein Dortmund-Fan haben einen Autounfall. Beide Wagen sind Schrott, aber den Fahrern ist nichts passiert. Sie klettern aus ihren Autos, und der Dortmund-Fan sagt: „Ah, du bist Schalker! Interessant. Ich bin Dortmunder ... Schau dir unsere Autos an. Nichts ist ganz geblieben, aber wir sind unverletzt. Das muss ein Wink von oben sein! Lass uns Freunde werden und für den Rest unserer Tage in Frieden miteinander leben."
Der Schalker erwidert: „Ja, das muss ein Zeichen von Gott sein! Und schau mal hier – noch ein Wunder: Meine Karre ist total demoliert, aber diese Flasche Korn ist heil geblieben. Gott will offenbar, dass wir darauf trinken, dass wir leben und gesund sind und uns versöhnen."
Er reicht die Flasche dem Dortmunder, der ein paar kräftige Schlucke nimmt und die Flasche dem Schalker zurückgibt. Der Schalker nimmt sie, schraubt sie zu und reicht sie wieder dem Dortmunder. Der fragt: „Was ist? Trinkst du gar nichts?"
„Nö", sagt der Schalker. „Ich warte erst mal auf die Polizei."

* * *

Als wieder ein Schalke-Dortmund-Derby ansteht, treffen sich die beiden Klubpräsidenten, um endlich das Kriegsbeil zu begraben.

„Vor allem solltet ihr aufhören, alle Dortmunder als doof zu bezeichnen", sagt der Borussen-Präsident.

„Nimm das nicht so ernst", beschwichtigt ihn sein Gelsenkirchener Kollege. „Es handelt sich doch meist nur um Witze, nicht um Tatsachen. Und es gibt auch dumme Schalker! Ich werde dir das gleich beweisen."

Er geht zu seinem Chauffeur und sagt: „Fahr zu mir nach Hause und schau, ob ich dort bin." Der Chauffeur macht sich sogleich auf den Weg.

„Du hast recht, der ist wirklich strohdumm", sagt der Dortmunder. „Er hat doch ein Handy! Es wäre doch viel einfacher gewesen, bei dir zu Hause anzurufen."

☆   ☆   ☆

Was hat Jesus unter seinen Fußballschuhen?
Christstollen.

☆   ☆   ☆

Der Name welcher drei Vereine fängt mit „Sch" an?
Schalke 04, Schwarz-Weiß Essen und Scheiß Bayern München.

☆ ☆ ☆

Was ist der Unterschied zwischen einem deutschen Bier und
einem englischen Elfmeter?
Ein deutsches Bier geht immer rein.

☆ ☆ ☆

Wie heißt Elfmeter auf Niederländisch?
Voorbeij.

☆ ☆ ☆

Ein Deutscher, ein Engländer und ein Brasilianer stehen
vor dem Jüngsten Gericht. Gott sagt: „Ihr bekommt jeder
50 Peitschenhiebe, aber ihr habt einen Wunsch frei." Der
Deutsche wünscht sich ein Kissen auf den Rücken. Nach
den 50 Hieben ist das Kissen zerfetzt und der Rücken blutig.
Der Engländer wünscht sich daraufhin zwei Kissen auf
den Rücken. Aber nach den 50 Hieben sind beide Kissen
zerfetzt und der Rücken ebenfalls blutig. Nun kommt der
Brasilianer an die Reihe. Gott sagt: „Ihr habt einen so wun-
derschönen Fußball gespielt, deshalb hast du zwei Wünsche
frei." Der Brasilianer überlegt kurz und wünscht sich 100
Peitschenhiebe. Gott ist erstaunt, aber sagt: „Wie du willst!
Und dein zweiter Wunsch?" „Bind mir den Engländer auf
den Rücken!"

☆ ☆ ☆

Was hat man, wenn 100 englische Fußballfans bis zum Hals im Sand stecken?
Zu wenig Sand.

☆   ☆   ☆

Was macht ein Österreicher, nachdem sein Land die Fußballweltmeisterschaft gewonnen hat?
Er schaltet die Playstation aus.

☆   ☆   ☆

Wer ist der Angstgegner der deutschen Nationalmannschaft?
Der Ball.

☆   ☆   ☆

Wann wurde die deutsche Fußballnationalmannschaft zum ersten Mal schriftlich erwähnt?
Im Alten Testament: „Sie trugen seltsame Gewänder und irrten planlos umher."

☆   ☆   ☆

Wie lange dauert ein Fußballspiel zwischen Kolumbien und Jamaika?
Keine Minute, weil die Kolumbianer die Linien schnupfen und die Jamaikaner das Gras rauchen.

☆   ☆   ☆

WO GOTT ZU HAUSE IST

Ein schwarz gekleideter Mann klopft an die Himmelspforte.
Petrus öffnet und fragt: „Hast du jemals Unrecht getan?"
„Ja, ich habe in einem Spiel Italien gegen Spanien einen Elf-
meter gepfiffen, der keiner war."
„Halb so schlimm. Wann war das denn?"
„Vor ungefähr zwei Minuten."

„Wird im Himmel auch Fußball gespielt?", erkundigt sich der
Trainer bei einem Pfarrer.
„Da muss ich mich erkundigen. Rufen Sie mich morgen an."
Als sich der Trainer wieder meldet, sagt der Pfarrer: „Ich habe
eine gute und eine schlechte Nachricht für Sie. Die gute: Im
Himmel wird tatsächlich Fußball gespielt."
„Und die schlechte?"
„Sie trainieren ab nächste Woche die Heimmannschaft."

Ein Fußballfan wird beerdigt. Die Trauernden bringen Blumen
ans Grab. Sein bester Freund hingegen legt einen Fußball auf
den Sarg. Der Pfarrer: „Mein Sohn, glaubst du wirklich, dass
er mit dem Ball noch spielt?"
„Herr Pfarrer, glauben Sie wirklich, dass er die Blumen noch in
eine Vase stellt?"

Max Merkel war ein Schleifer-Trainer, der seine Mannschaften wie eine Zitrone auspresste, und ein Lästermaul, vor dessen Spott niemand sicher war. „Das Schönste an Gelsenkirchen war schon immer die Autobahn nach München", lästerte er, als er 1975 Schalke 04 trainierte, und über den späteren Schalker Nationalspieler Rüdiger Abramczik höhnte er: „Er wird nie Kopfweh bekommen, weil er seinen Kopf nie zum Denken benutzen wird. Ehe er Nationalspieler wird, werde ich Sänger an der Metropolitan Opera." Anfang Dezember wandte er sich an Mannschaftskapitän Klaus Fichtel: „Am 7. habe ich Geburtstag. Den möchte ich gern im Kreis der Mannschaft feiern. Es soll was hermachen, die Jungs sollen ihren Spaß haben, aber kosten darf es nichts."

„Da wüsste ich was", versetzte Fichtel: „Hängen Sie sich auf! Das macht was her, kostet nichts, und die Spieler haben ihren Spaß."

Der Teufel besucht Petrus und fragt, ob man nicht ein Fußballmatch „Himmel gegen Hölle" organisieren könne. Petrus lächelt müde: „Glaubst du, dass ihr den Hauch einer Chance habt? Alle Spitzenspieler sind im Himmel: Pelé, di Stefano, Puskás, Beckenbauer, Maradona ..."

Der Teufel lächelt zurück: „Aber wir haben die Schiedsrichter!"

☆ ☆ ☆

Länderspiel. Das Stadion ist ausverkauft. Nur ein allerletzter Sitzplatz auf der Tribüne ist frei geblieben. Fragt der Mann auf der einen Seite des leeren Sitzes den auf der anderen, ob der Platz zu ihm gehöre.

„Ja, der gehört zu mir", erklärt der Gefragte. „Ich habe die Karte für meine Frau gekauft, aber die ist vor drei Tagen plötzlich gestorben."

„Oh, das tut mir leid. Wollte denn niemand Ihrer Freunde oder Verwandten mitkommen?"

Der Mann schüttelt den Kopf: „Nein, die sind alle auf der Beerdigung."

Der Lehrer bittet im Deutschunterricht die Schüler, Beispiele für einen Trauerfall zu nennen.

Der erste: „Ein Trauerfall wäre, wenn mir mein Fahrrad gestohlen würde."

„Nein, das wäre ein Verlust", entgegnet der Lehrer.

Der zweite: „Ein Trauerfall wäre, wenn ich die Fensterscheibe unserer Nachbarn kaputt schießen würde."

„Nein, das wäre ein Schaden", korrigiert der Lehrer.

Meldet sich der Klassenprimus: „Ein Trauerfall, Herr Lehrer, läge vor, wenn Joseph Blatter stürbe!"

„Richtig", lobt der Lehrer, „das wäre ein Trauerfall und kein Verlust und kein Schaden!"

Zufällig sterben kurz hintereinander Michael Meier, der langjährige Manager des 1. FC Köln, und, drei Tage später, Uli Hoeneß. Als Hoeneß in den Himmel kommt, sagt Gott zu ihm: „Ich freue mich, Sie zu sehen, lieber Hoeneß! In Anbetracht Ihrer großen Verdienste um den FC Bayern kriegen Sie ein eigenes Häuschen. Und glauben Sie mir, das hat hier nicht jeder!"

Gott nimmt Hoeneß an die Hand und führt ihn vor einen kleinen Bungalow. Die Tür ist mit dem FC-Bayern-Logo versehen, und im Vorgärtchen weht ein FC-Bayern-Wimpel. „Nett", denkt Hoeneß, dreht sich um und ... traut seinen Augen nicht. Auf der nächsten Wolke, hoch über ihm, steht ein riesiger Palast mit Freitreppe, Balustrade und dorischen Säulen, alles rot-weiß gestrichen und übersät mit Symbolen des 1. FC Köln: mit FC-Graffiti, FC-Fahnen, FC-Transparenten und Marmorgeißböcken, und aus Lautsprechern wehen die Klänge von „Mer stonn zu dir, FC Kölle" zu ihm herab. Brüskiert wendet sich Hoeneß an Gott:

„Was ist das denn?! Der Michael Meier hat doch gar nichts geleistet! Wieso kriegt der so einen Palast hingestellt?"

Da schaut Gott Hoeneß tief in die Augen und sagt: „Das ist nicht Michael Meiers Haus. Das ist meins!"

☆　☆　☆

ÜBER DEN AUTOR

Peter Köhler, Jahrgang 1957, lebt in Göttingen, ist aber in Kassel aufgewachsen und infolgedessen Anhänger des KSV Hessen Kassel (siehe den Dialog der drei Fußballfans auf Seite 22). Er schreibt unter anderem für die Satireseite der *tageszeitung*, den *Eulenspiegel* sowie die *Titanic* und hat zahlreiche Bücher veröffentlicht. In seiner Jugend spielte er neben Schach Fußball und wurde von seinen Mitspielern sogar „Beckenbauer" genannt – allerdings mit so einem humoristischen Unterton.